新能源汽车概述

主　编　王海杰　邹德伟
副主编　胡海青　王　化　郭三华
参　编　贺翠华　宋影飞　王志刚
　　　　刘　强　曲彩悦

北京理工大学出版社
BEIJING INSTITUTE OF TECHNOLOGY PRESS

版权专有　侵权必究

图书在版编目（CIP）数据

新能源汽车概述/王海杰，邹德伟主编. ——北京：北京理工大学出版社，2022.5

ISBN 978-7-5763-1269-0

Ⅰ. ①新… Ⅱ. ①王… ②邹… Ⅲ. ①新能源-汽车-高等学校-教材 Ⅳ. ①U469.7

中国版本图书馆 CIP 数据核字（2022）第 066046 号

出版发行 / 北京理工大学出版社有限责任公司
社　　址 / 北京市海淀区中关村南大街 5 号
邮　　编 / 100081
电　　话 /（010）68914775（总编室）
　　　　　（010）82562903（教材售后服务热线）
　　　　　（010）68944723（其他图书服务热线）
网　　址 / http：//www.bitpress.com.cn
经　　销 / 全国各地新华书店
印　　刷 / 北京广达印刷有限公司
开　　本 / 787 毫米×1092 毫米　1/16
印　　张 / 9　　　　　　　　　　　　　　　责任编辑 / 高雪梅
字　　数 / 206 千字　　　　　　　　　　　　文案编辑 / 高雪梅
版　　次 / 2022 年 5 月第 1 版　2022 年 5 月第 1 次印刷　　责任校对 / 周瑞红
定　　价 / 89.00 元　　　　　　　　　　　　责任印制 / 李志强

图书出现印装质量问题，请拨打售后服务热线，本社负责调换

前言

本书根据新能源汽车技术的发展趋势，结合我国新能源汽车专业领域技能型人才紧缺的实际情况，借鉴国内外先进的职业教育理念、模式和方法，并参照相关行业的职业技能鉴定规范和高级技术工人等级考核标准，采用基于工作过程的项目式教学的编写体例，对新能源汽车的教学内容和教学方法进行了大胆的改革。本书由从事多年汽车学院教学工作的一线骨干教师和学科带头人通过企业调研，对新能源汽车的运用与维修、新能源汽车技术岗位群的职业能力进行分析，研究总结了新能源汽车运用与维修技术等相关专业的人才培养方案，并在企业、行业专家的参与指导下编写而成的。本教材作为教育部行业职业教育教学指导委员会工作办公室职业教育改革创新课题《中国特色高水平专业（群）建设研究与实践-以新能源汽车技术专业为例》（项目编号：HBKC214023）的部分成果，坚持"以服务为宗旨，以就业为导向"的办学思想，突出了职业教育的特色。

本书的主要特点如下：

1. 在编写理念上，根据职业院校学生的培养目标和认知特点，打破了传统的理论→实践→再理论的认知规律，代之以实践→理论→再实践的新认知规律，突出"做中学，学中做"的教育理念。

2. 在编写内容的安排上，以典型工作任务为引领，以项目为载体，从易到难、循序渐进地安排学习内容。书中所选用的图例直观形象，好教易学，内容紧扣主题，定位准确。

3. 在教学思想上，坚持理论与实践、知识学习与技能训练一体化，强调实践与理论的有机统一，技能上力求满足企业用工需要，理论上则做到适度、够用。

全书包括七个项目，每个项目都以典型工作任务为引领、以完成项目的工作步骤为主线，便于调动学生自主学习和实践的积极性。

本书由烟台汽车工程职业学院王海杰、邹德伟任主编，参与编写的还有胡海青、王化、郭三华、贺翠华、宋影飞、王志刚、刘强、曲彩悦。在编写过程中参考了大量国内外相关著作和文献资料，在此一并向有关作者表示真诚的感谢，由于编者水平有限，书中难免有疏漏之处，敬请读者批评指正。

编　者

目录

项目1　新能源汽车概述 ▶ 001

1.1　新能源汽车发展历程 / 002
1.2　新能源汽车发展意义 / 006
1.3　常见新能源汽车类型及特点 / 010
1.4　新能源汽车技术展望 / 012
课后习题 / 015

项目2　新能源汽车电动机系统 ▶ 017

2.1　电动机 / 018
2.2　交流异步电动机 / 023
2.3　永磁同步电动机 / 025
2.4　开关磁阻电动机 / 026
2.5　电动机的控制 / 028
2.6　新能源汽车电动机模块化展望 / 031
课后习题 / 036

项目3　新能源汽车动力电池 ▶ 039

3.1　动力电池的类型 / 040
3.2　锂离子电池构造及原理 / 047
3.3　动力电池管理系统 / 050
3.4　动力电池冷却系统 / 051
课后习题 / 058

项目4　纯电动汽车 ▶ 061

4.1　纯电动汽车的定义和类型 / 062
4.2　纯电动汽车的构造 / 063
4.3　纯电动汽车的能量传递 / 066
4.4　纯电动汽车驱动系统布置形式 / 068
4.5　纯电动汽车的特点 / 070
4.6　纯电动汽车的关键技术 / 071
4.7　各品牌纯电动汽车 / 073
课后习题 / 075

项目5　混合动力汽车 ▶ 077

5.1　混合动力汽车分类 ／ 078
5.2　混合动力汽车的构造 ／ 082
5.3　混合动力模块 ／ 088
5.4　各品牌普通混合动力汽车 ／ 092
5.5　各品牌插电式混合动力汽车 ／ 096
课后习题 ／ 107

项目6　燃料电池汽车 ▶ 109

6.1　燃料电池汽车简介 ／ 110
6.2　燃料电池汽车的结构原理 ／ 113
6.3　各品牌燃料电池汽车图解 ／ 115
6.4　燃料电池应用存在的问题与发展前景 ／ 118
课后习题 ／ 120

项目7　新能源汽车的驾驶与维护 ▶ 121

7.1　新能源汽车的驾驶注意事项 ／ 122
7.2　新能源汽车的充电 ／ 123
7.3　新能源汽车的日常维护保养 ／ 128
课后习题 ／ 134

项目 1
新能源汽车概述

知识目标

1. 了解新能源汽车的发展历程
2. 了解新能源汽车与环境、资源的关系
3. 掌握常见新能源汽车类型及其特点

能力目标

1. 能够分析新能源汽车与环境、资源的关系
2. 能够说明常见新能源汽车类型及其特点

素质目标

1. 具有法律意识、环保意识、安全意识
2. 具有严谨、规范、精益求精的大国工匠精神
3. 具有正确的劳动态度以及爱岗敬业、吃苦耐劳的精神
4. 具有良好的团队合作精神,以客户为中心,敬客经营的职业精神

课时

4 课时

新能源汽车概述

1.1 新能源汽车发展历程

1.1.1 新能源汽车的发明

对于到底是谁发明了世界上第一辆新能源汽车,一直存在很多争论。有人将 1834 年美国人托马斯·达文波特(Thomas Davenport)研制的直流新能源汽车称为世界第一辆新能源汽车,当时他使用干电池作为车辆的动力蓄电池,由于这种电池不能充电,只能一次性使用,所以,人们并不将其称为真正的新能源汽车。

现在人们更多的是将法国人古斯塔夫·特鲁夫(Gustave Trouve)称为新能源汽车的真正发明人。1881 年,他发明了用可充电铅酸电池作为能源的汽车,与现代新能源汽车的工作原理更相似。1881 年 8 月,在巴黎举行的国际电器展览会上,特鲁夫向人们展示了他发明的一辆电动三轮车、一艘电动船和一艘电动飞艇模型。电动三轮车和电动船都可以实际操作,其中电动三轮车还在街上进行了行驶演示,当时的人们看到这辆无马也无烟的三轮车都非常惊奇。这辆电动三轮车采用铅酸电池、直流电动机,有效功率约 70 W,最高车速 12 km/h,如图 1-1 所示。

(a) (b)

图 1-1 古斯塔夫·特鲁夫和第一辆电动三轮车

(a)古斯塔夫·特鲁夫;(b)第一辆电动三轮车

1900 年,费迪南德·波尔舍在巴黎博览会上展出了一辆四轮驱动的新能源汽车,如图 1-2 所示,他在设计时采用四个电动机驱动车轮,然而这样的设计带来的问题是车辆太重，续航很短，每次充满电最多可行驶 80 km。

图 1-2　巴黎博览会展出的第一辆四轮驱动电动车

同年秋天，费迪南德·波尔舍推出了一款名叫 Lohner-Porsche Semper Vivus 的混合动力车，如图 1-3 所示。他将两台水冷的 DeDionBouton 汽油机（每台 3.5 hp[①]/2.6 kW）装在车身中间，分别用它们驱动两台发电机，构成两套发电单元。发电机输出的电能直接驱动外转子轮毂电动机，而剩余的电能则流入电池组储存起来，此外，发电机还可以用作发动机的起动机，一举两得，这就是最早的串联混合动力车。

图 1-3　第一台混合动力车 Semper Vivus

1.1.2　新能源汽车发展的机遇

1. 第一次发展机遇

1859 年法国著名物理学家普朗特（Plante）发明了第一块铅酸蓄电池，这给以后新能源汽车的实用化创造了必要的条件。由于当时蓄电池和电动机的发展相比内燃机更为成熟，并且蒸汽机汽车的性能和操控也难以让人接受，因而新能源汽车就成了人们取代马车的首选。

自 1881 年法国工程师古斯塔夫·特鲁夫组装的第一辆电动三轮汽车首次在巴黎的街

---

① hp：horsepower，马力，1 hp=0.745 699 9 kW。

道上亮相以后，新能源汽车很快进入了发展高潮，英、美等国也先后制造出了新能源汽车，新能源汽车的性能也逐渐提高。例如，1890 年在美国的衣阿华州诞生的美国第一辆蓄电池汽车，时速可达 23 km/h。1899 年法国人考门·吉纳驾驶一辆 44 kW 双电动机为动力的后轮驱动新能源汽车，创造了时速 106 km/h 的纪录。19 世纪末 20 世纪初是新能源汽车的鼎盛时期。据资料记载，早在 1890 年，电动大客车就已经在法国和英国的街道上行驶了。1890 年全世界共有 4 200 辆汽车，其中 38% 为新能源汽车，40% 为蒸汽车，22% 为内燃机汽车。1899 年，美国生产了 1 575 辆新能源汽车，而当时的内燃机汽车却只有 936 辆。1911 年，在巴黎和伦敦的街头已经有用于运营的电动出租汽车出现了。

到了 20 世纪 30 年代末，这种以蓄电池为电源，用直流电动机产生驱动力的新能源汽车逐渐消失了，主要原因是当时的蓄电池性能较差，新能源汽车的成本太高，而续驶里程太短。在这一时期，由于大量油田的开发，廉价的石油降低了汽车的使用成本，加上内燃机技术及汽车底盘技术的不断提高，并采用流水线生产方式大规模批量制造，使内燃机汽车在市场竞争中占据了绝对的优势，新能源汽车被无情地淘汰了。

2. 第二次发展机遇

20 世纪 70 年代，世界性的能源危机和石油短缺使新能源汽车重新获得生机，人们又想起了不用石油资源的新能源汽车。20 世纪 70 年代初，美国、英国、法国、德国、意大利和日本等汽车工业发达国家都开始发展新能源汽车。到了 20 世纪 70 年代后期，除上述国家外，澳大利亚、比利时、巴西、保加利亚、加拿大、中国、丹麦、荷兰、印度、墨西哥、芬兰、瑞士和苏联等国家也都开始研发和生产新能源汽车。但是石油价格在 20 世纪 70 年代末开始下跌，在新能源汽车还未成为商业化产品之前，能源危机和石油短缺问题已不再严重，新能源汽车的发展再一次走入了低谷。

3. 第三次发展机遇

20 世纪 80 年代以来，随着汽车保有量的不断增加，内燃机汽车排出的有害气体对人类健康及生命的影响日益突出，而且内燃机汽车需要消耗大量有限且不可再生的石油资源。于是，人们又想起了无须消耗石油资源，也不会对空气造成污染的新能源汽车。新能源汽车又进入了较快的发展时期。在这一时期，世界各大汽车公司纷纷投入大量的人力和资金，研究并开发新型新能源汽车，包括我国在内的许多国家也都纷纷推出相关政策，支持和鼓励新能源汽车的开发和使用，使得新型新能源汽车不断涌现，不仅有以蓄电池为车载电源的新能源汽车（纯电动汽车），而且将混合动力新能源汽车（采用发动机和电动机双动力）和燃料电池新能源汽车列为研发的重点。虽然新能源汽车还不足以与内燃机汽车相抗衡，但在各国政策的扶持下，新能源汽车的保有量也在不断地增加。随着新能源汽车关键技术难题的解决、新能源汽车技术性能的提高以及新能源汽车制造和使用成本的降低，新能源汽车必将得到迅速的发展。

1.1.3 新能源汽车发展现状

从 20 世纪 90 年代始，新能源汽车重新成为世界性的研发热点之后，世界上各大汽车公司都投入了巨资开发自己的新能源汽车，以便在未来新能源汽车市场中夺得先机。各国政府也纷纷出台政策或制订计划，以促进本国新能源汽车的发展。

1. 美国的新能源汽车研发计划

美国是汽车工业最发达的国家，汽车产量和保有量均位居世界前列，每年的石油消耗量和汽车污染物的排放量也都居世界首位。为增强汽车制造业的竞争力，美国政府提出了著名的"新一代汽车合作伙伴计划（The Partnership New Generation of Vehicles，PNGV）""FreedomCAR 计划"和"能源部（Department of Energy，DOE）新能源汽车研究计划"。

2. 日本的新能源汽车开发计划

日本也是汽车生产大国，汽车保有量位居世界第三，而且日本的石油资源匮乏，石油几乎全部依赖进口。因此，日本政府及日本的各大汽车公司对新能源汽车的开发也十分重视。日本的混合动力新能源汽车技术处于世界领先地位。日本的新能源汽车研发计划主要有："低公害汽车开发普及行动计划""日本燃料电池示范工程（Japan Hydrogen and Fuel Cell Demonstration Project，JHFC）"和"专项研究计划"等。

3. 欧盟计划

欧盟计划旨在增强欧盟各国工业的竞争力，充分调动欧盟各国的科学技术力量，避免各国科研计划重复，有效利用各国的人力和物力资源。欧盟内计划与新能源汽车相关的发展计划主要有"欧盟燃料电池研究发展示范计划""欧盟燃料电池巴士示范计划"和"欧洲新能源汽车城市运输系统计划"等。

4. 我国新能源汽车重大专项

我国也早已将新能源汽车的研究与开发以及新能源汽车的产业化列为重点项目，并制定了新能源汽车的发展规划。

视频：国内新能源汽车现状

我国 863 计划的纯电动汽车（Electric Vehicle，EV）、燃料电池电动车（Fuel Cell Electric Vehicle，FCEV）和油电混合动力车（Hybrid Electric Vehicle，HEV）研发纲领，在国家科学技术部设立了新能源汽车重大专项，选择新一代新能源汽车技术作为我国汽车工业自主创新和科技创新的主攻方向，组织汽车企业、高等院校和科研机构，以官（政府部门）、产（汽车企业）、学（高等院校）、研（科研院所）四位一体的方式进行联合攻关，以新能源汽车的产业化技术平台为工作重点，力争在新能源汽车的关键技术方面取得重大突破，以促进新能源汽车符合现代企业制造和市场经济发展的要求，以及研发体系和机制的形成。

如图 1-4 所示，新能源汽车重大专项提出"三纵、三横"的研究和开发布局，强调建立符合整车开发规律的开发程序，以 FCEV（包括燃料电池专项）、HEV 和 EV 的整车为主导（三纵），带动多能源动力总成控制系统、电动机驱动系统、电池和电池管理系统（三横），并与相关材料研发紧密结合，与基础设施协调发展，与整车控制技术和电子控制技术的研发同步。

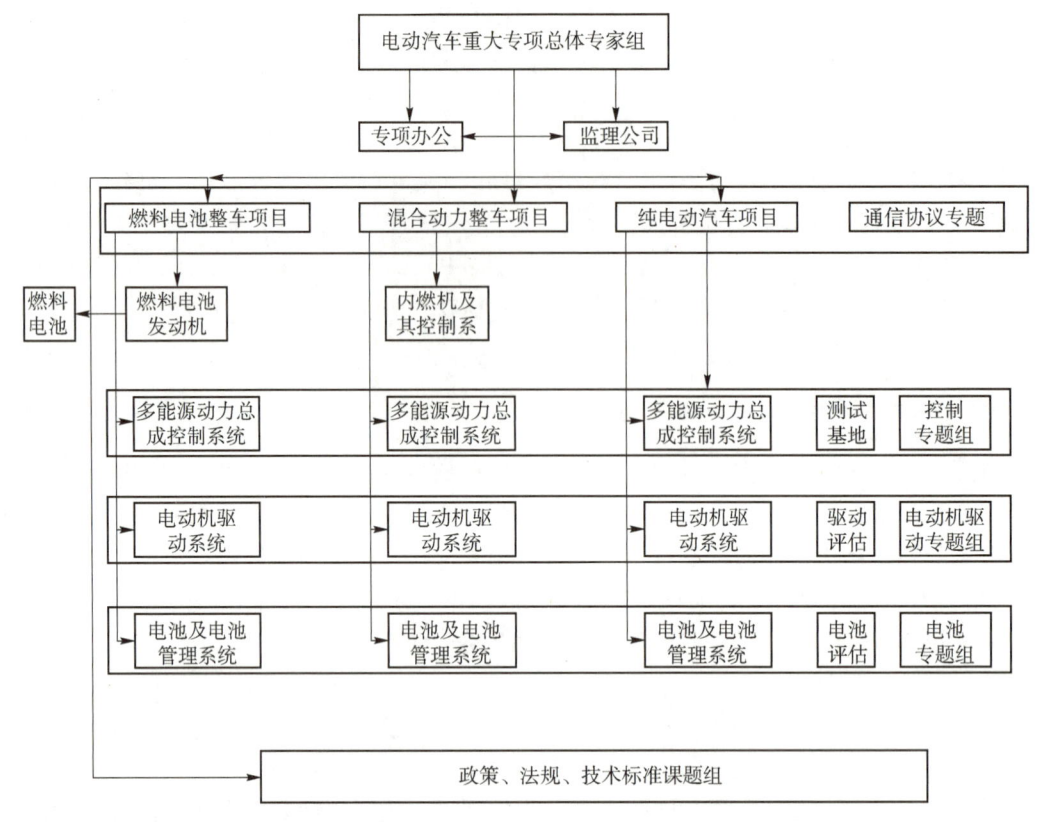

图 1-4　新能源汽车重大专项"三纵、三横"布局及其组织管理模式

我国 973 计划的能源项目之中也设立了新能源汽车专项，由国家科学技术部组织实施，主要涉及氢能的规模制备、储运及相关的燃料电池基础研究。实施专项计划的目标是开发具有自主知识产权的、可持续发展的、可规模化生产的车载制氢和储氢技术，降低燃料电池的成本，有效解决 FCEV 产业化的难题，并有利于推广燃料电池的应用领域。

2020 年 11 月，国务院办公厅印发《新能源汽车产业发展规划（2021—2035 年）》，要求深入实施发展新能源汽车国家战略，推动中国新能源汽车产业高质量可持续发展，加快建设汽车强国。

1.2　新能源汽车发展意义

1.2.1　新能源汽车与能源安全

目前内燃机汽车的燃料主要是由石油提炼出的汽油和柴油。石油是古生物在地壳变动中埋入地下历经几千年逐级演变成有机碳氢化合物的混合物，因此地球上的石油资源是有限的。随着石油消耗量的不断增加,石油资源必将有枯竭的一天。

我国的石油储藏量和开采量非常有限,从1993年开始,我国已成为石油纯进口国。目前,我国汽车产销量已居世界第一,随着汽车保有量的增加,我国的石油缺口将越来越大。据有关部门统计,到2030年,我国石油消耗量的80%需要依靠进口。汽车数量的激增所带来的燃油消耗给我国的能源安全带来了日益增大的压力。长此以往,将影响我国经济的长远发展。

而且,内燃机汽车将近70%的能量在转化过程中被浪费掉了,也就是说,汽车每箱油中的一多半并没有转换成推动汽车前进的有效动力,而是在到达车轮前就都被消耗掉了。

相对于内燃机汽车,新能源汽车使用电能驱动,能源转化效率高,环保节能效果好。通过削峰填谷的充电模式(即夜晚充电)能够显著提高电网夜间负荷,进而提高煤炭等资源的利用率。而且随着未来电力来源的多元化,新能源汽车完全可以使用太阳能、风能等可再生资源发电。面对严峻的能源形势和环境变化,新能源汽车已成为人类社会交通工具的发展方向。

1.2.2 新能源汽车与环境保护

汽车运行时所排放的废气和发出的噪声会对环境造成严重的污染。虽然现代科学技术的运用使得汽车发动机的废气排放量和工作噪声已降得很低,但是由于城市街道上的车流过于密集,汽车排放的废气和发出的噪声对人类的生存环境还是造成了严重的影响。

纯电动汽车和燃料电池新能源汽车在运行过程中不会产生尾气排放,因此不存在大气污染的问题,在本质上是一种零排放汽车。这是新能源汽车最突出的优点,如图1-5所示。

(a)　　　　　　　　　　(b)

图1-5　新能源汽车和内燃机汽车
(a) 新能源汽车; (b) 内燃机汽车

有人说新能源汽车使用的二次能源——电能,在火力发电厂生产时污染了大气,它只是把污染从城市转移到了郊区。事实上,得益于本身的高能效,即使新能源汽车的电能全部来自火力发电厂,其整体的能量利用效率也高于常规内燃机汽车。此外,相对于汽车这类移动污染源,发电厂的集中排放更容易得到治理和控制。新能源汽车可以利用夜间削峰填谷模式进行充电,使得电能的利用率显著提升,因此可以说新能源汽车大大减少了空气污染。随着发电技术的不断进步,电力来源也日趋多样化,我们有理由相信,依靠火力发电等破坏或影响环境的发电方式所占的比重将不断减小,许多清洁及可再生能源,如风能、太阳能、生物能、潮汐能和核能等都将越来越高效地转化为电能,如图1-6所示。

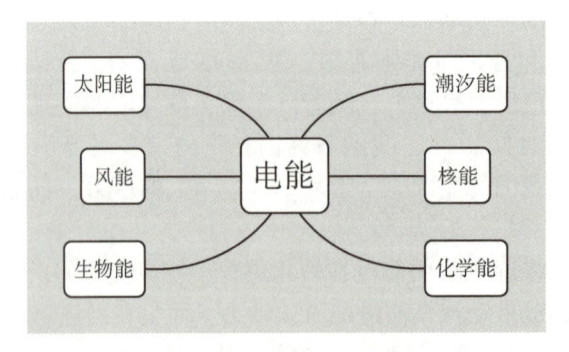

图 1-6　清洁能源转化为电能

现在，大城市中的汽车噪声已经成为一种严重的污染源，不分昼夜地影响人们的生活。发动机噪声是汽车行驶过程中的重要噪声来源。在发动机内，具有高挥发性的汽油被压缩并点燃，其燃烧过程就像爆炸一样迅速，会发出很大的声音。发动机排出的废气经过消声器，虽然得到了较好的控制，可仍会发出"呜呜"的排气声，且车速越大，排气声越大。

调查表明，机动车辆噪声占城市交通噪声的比重超过 80%，在道路狭窄、两旁高层建筑物密集的城市中，噪声来回反射，显得更加吵闹。内燃机汽车的速度与噪声大小也有很大的关系，车速越快，噪声越大。

与内燃机汽车相比，新能源汽车在噪声方面有绝对的优势。新能源汽车没有发动机，而电动机在运转时噪声很小，因此新能源汽车在行驶时非常安静，如图 1-7 所示。有人甚至提出，新能源汽车过于安静了，以至于行驶到人身后都悄无声息。因此，国外已经开始研究给新能源汽车加装发声装置，以引起行人的注意。

图 1-7　纯电动汽车噪音小

说到内燃机汽车的"热"，相信大家都有过这样的体会，无论盛夏还是寒冬，只要车辆行驶了一段时间，一打开发动机盖，炙热的空气就会扑面而来。在夏天，由于空调设备的使用，更是能够经常听见车头的散热器风扇发出"呜呜"的声响。如图 1-8 所示，内燃机汽车加剧了城市的热岛效应。

相对于内燃机汽车，新能源汽车产生的热量很少，首先，新能源汽车使用电动机驱动，没有燃烧过程，也不排放高温废气。另外，新能源汽车依靠电力运动，能量转换效率很高，部件发热较少而且几乎不会运转过热，向环境中排放的热量要比内燃机汽车少 80% 以上。

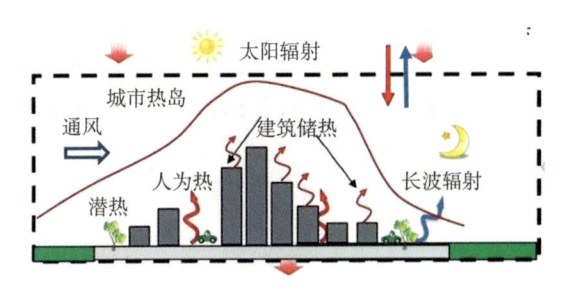

图 1-8　城市热岛效应

1.2.3　能源危机迫在眉睫

我国是一个能源生产和消费大国，拥有丰富的化石能源资源，但是人均能源资源拥有量较低，煤炭和水力资源人均拥有量仅相当于世界平均水平的 50%，石油和天然气人均资源拥有量仅为世界平均水平的 1/15 左右。

内燃机汽车是依靠发动机燃烧燃料产生驱动力而行驶的，在发动机燃烧燃料做功后排放的尾气中，含有一氧化碳、二氧化碳、氮氧化物、碳氢化合物以及对人体产生有害的一些其他固体细微颗粒物。

在经济高速增长的条件下，能源的消耗速度更快，能源枯竭的威胁可能来得更早、更严重。因而，日益增长的能源压力迫使我们不得不寻找解决能源危机的突围之路。

近年来，全球投向可再生清洁能源，特别是风能、太阳能和燃料乙醇的资金数量激增。依据我国电力科学院的预判，至 2050 年，我国的可再生能源的电力装机会占全国电力装机的 25% 左右，当中光伏发电装机会占 5% 左右。预测至 2022 年荒漠光伏电站的累计装机会是 205 MW。

1.2.4　发展新能源汽车的必要性

（1）发展新能源汽车产业是推动经济发展方向转变、促进经济增长的战略需要。电动汽车产业化和运营商业化的发展，也为发展电动汽车关键零部件产业、电池和材料产业以及推动电力资源的合理利用提供了发展机会。

（2）电动汽车的生产和推广使用将提供数以万计的就业机会，为城市带来新的经济增长点，同时还能推进下游行业的转型，带动一大批相关行业的快速发展，进而推动整个经济发展模式的转变，促进国民经济的可持续发展。

（3）发展新能源汽车对调节和优化道路交通领域能源结构、缓解我国对进口石油的高度依赖、保障国家能源安全具有非常重要的战略意义，同时也是汽车产业持续较快增长的根本保障。

（4）新能源汽车产业是我国确定的七大战略性新兴产业之一，是未来国际汽车竞争的焦点。同时更是我国汽车产业转型升级、实现汽车强国梦想的必经之路和难得的战略机遇。

（5）新能源汽车尤其是纯电动汽车和插电式混合动力汽车既是交通工具，又是分布式电能储备装置，它与智能电网的有机融合，具有实现削峰填谷的重要作用，可以提升发电设备的利用效率，同时在重大灾害期间还可以作为电力供给的重要补充。

（6）充电技术和充电基础设施是支撑纯电动汽车和混合动力汽车产业发展的必要条件。

（7）环境与发展是世界各国普遍关注的焦点问题。

1.3 常见新能源汽车类型及特点

新能源汽车是指以电力作为唯一或主要动力的四轮车辆。根据电力来源方式的不同，电动汽车主要分为：纯电动汽车、插电式混合动力汽车以及燃料电池汽车（气体、生物、氢燃料等）。除此之外，还包含太阳能、原子能汽车等，主流的汽车是纯电动汽车。

在电动汽车上，不仅有传统汽车上的 12 V 低压线，还有用作电驱动系统的高压线。为了安全和使用方便，都将它们装在硬质绝缘管中，并用不同的颜色进行区分：

黑色、红色——12 V 低压电线，一般用于车载电器，如音响、车灯、安全气囊等。人体接触它们没有危险。

蓝色、黄色——42 V 低压线，一般用于转向助力电动机。人体接触它们没有危险，但电路切断时会有电弧产生。

橙色——144~600 V 的高压线，一般用于动力系统供电线路。人体接触它们非常危险。

1.3.1 纯电动汽车

纯电动汽车是指完全由动力蓄电池（如铅酸电池、镍镉电池、镍氢电池或锂离子电池等）提供动力的汽车。这些汽车完全由外接电源充电获得能量，当动力蓄电池能量耗尽时，汽车就不能继续行驶。代表车型有特斯拉、北汽新能源汽车 EV400 等，如图 1-9 所示。

图 1-9 北汽 EV400 纯电动汽车

1.3.2 插电式混合动力汽车

插电式混合动力汽车是指可以充电的油电混合动力汽车，不仅可以添加燃油，还可以使用外接电源为动力蓄电池充电，当然其自身的能量回收系统也可以为动力蓄电池补充电能。代表车型有高尔夫 GTE、奥迪 A3 e-tron、宝马 i8 等，如图 1-10 所示。

图 1-10　高尔夫 GTE 插电式混合动力汽车

1.3.3 燃料电池汽车

燃料电池汽车只使用电动机作为驱动汽车前进的动力装置，但它的电能不是通过外接电源充电获得的，而是利用一种可以实时发电的车载燃料电池获得的，如图 1-11 所示。现在的燃料电池汽车大都采用氢作为燃料，利用电解水的逆反应原理产生电能。只要能加注氢燃料，汽车就能继续行驶。代表车型有丰田 Mirai 等，如图 1-12 所示。

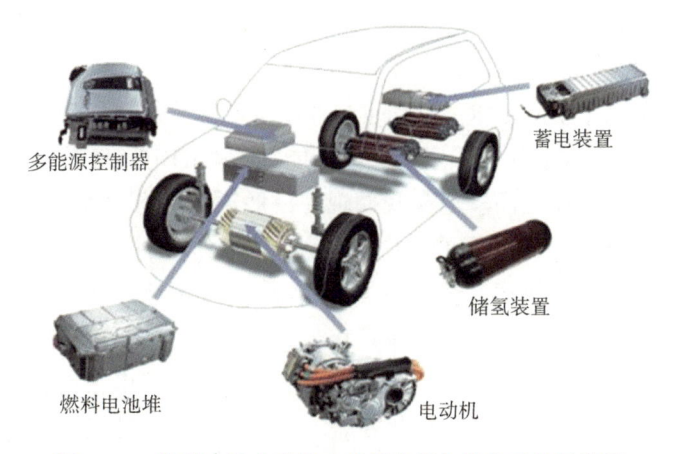

图 1-11　燃料电池电动汽车能量存储与转化系统示意图

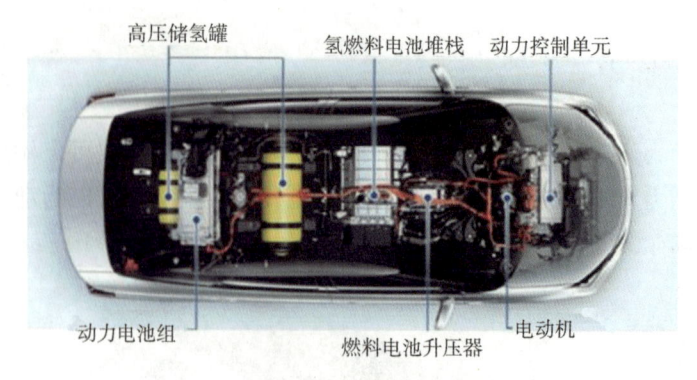

图 1-12　丰田 Mirai 燃料电池汽车

1.4　新能源汽车技术展望

2021年国务院政府工作报告中指出，扎实做好碳达峰、碳中和各项工作，制定2030年前碳排放达峰行动方案，优化产业结构和能源结构。汽车行业作为全球温室气体排放的主要领域之一，且随着我国汽车保有量的不断提升，如何减少汽车行业碳排放是实现碳中和、碳达峰目标中十分重要的一环。

1.4.1　新能源汽车行业正在朝着"四化"前进

"四化"即电动化、智能化、网联化、共享化。2012年工信部出台了新能源汽车发展规划，到2020年实现200万辆的新能源汽车销量。

1. 电动化

汽车电动化就是汽车动力技术的电动化，即以电力驱动代替燃油驱动，也就是我们常说的汽车"新能源"。实际上我们国家政策对新能源汽车的定义比较宽泛，包括混合动力以及氢能的汽车都可以算在里面。但是我们现在一般说新能源汽车，就是电动化的汽车，因为对比这几种技术路线，最看好的是电动化的技术路线，并且从国家现在政策支持出发，对电动化的支持力度也很大。现在各国都在制定内燃机汽车禁止生产销售的时间表，荷兰2025年禁止，法国和英国是2040年禁止。

汽车产业已经有100多年的历史，在这一个多世纪的时间里，传统汽车厂家都在致力于研发汽车的三大件：发动机、变速箱和底盘。目前这三大件已经非常先进，发动机的热效率已经达到40%，变速箱也发展到了10速自动变速箱，底盘也有了将舒适和运动结合的主动适应悬挂。

汽车电动化的技术路线，从2012年到现在，基本上已经确立了。电动化的技术路线已经成为一个主流的趋势。节能车、电动车和氢能车的优缺点都很明显。氢能车在商用车或者说卡车这一块有一定的市场空间,有可能会成为一个技术路线,但是在乘用车或者家用车这一块,有一定的挑战。

2. 智能化

自动驾驶技术是依靠人工智能、视觉计算、雷达、监控装置和全球定位系统协同合作,让电脑可以在没有任何人类主动操作的情况下,自动、安全地操作机动车辆。大部分消费者在买电动车的时候,尤其是年轻人,除了看重电驱动,另外也有一大部分看重了智能化。

3. 网联化

人和车、车和车、车和基础设施的互联互通是特别重要的。尤其是车和基础设施的互联如果没有实现,完全的自动驾驶是不可能的。

真正的车联网作为互联的网络,需要实现车与X(即车与车、人、路、服务平台)之间的网络连接,才能大幅提升车辆整体的智能驾驶水平。汽车不仅仅是一种交通工具,还将成为一张巨大数据网络上的大型移动智能终端。因为车联网和智能化的引入,很多新兴的、非汽车业的优秀企业也有机会加入到汽车业。因此汽车网联化是一个发展趋势,具有很大的投资空间。

4. 共享化

共享出行这种商业模式实现的可能性很大,共享汽车使人们用车成本大大降低,用车便利大大增加,将成为出行方式的主流。而这意味着一系列产业链上商业模式的改变,包括4S店、老百姓购车的选择会发生比较大的变化。

1.4.2 展望新能源汽车行业未来

新制度、新思路、新模式下,机遇和挑战共存。下面从四个关键词谈谈中国新能源汽车行业的机遇和挑战。

1. 双积分

2012年开始启动新能源汽车市场的时候,新能源汽车补贴政策起到了很大的作用。在中国市场上传统的汽车市场主流是合资车,都是外资企业,前几名的跨国车企,转型的压力或者动力不足。推出双积分政策一方面为了减小碳排放;另一方面给中国车企转型提供动力。

根据工信部官网信息,《积分办法》于2017年9月28日发布,实质是通过建立积分交易机制,形成促进节能与新能源汽车协调发展的市场化机制。《积分办法》通常被称作"双积分政策"。政策发布实施后,工信部建立了积分管理平台,组织实施了2次积分交易，行业企业普遍加大研发投入、加快车型投放，有力促进了行业技术创新，推动了中国新能源汽车的发展。

2. 造车新势力

蔚来、小鹏、理想三家企业，能够从众多新势力企业中脱颖而出，硬实力（产品硬件）是基础，软实力才是决定性因素。他们的产品注重用户体验，品牌运营同样围绕用户的留存和转化，彰显了品牌个性。

3. 汽车代工

我国的汽车产能很大，要解决过剩产能唯一的方法就是推动汽车制造商业模式的变革，通过代工模式激活大国企的制造能力，同时也为造车新势力提供自由进入和市场竞争的机会。技术的变革为商业模式的变革创造了基础，做高质量的汽车代工是完全有可能实现的。整体来看，无论是从产业政策的支持角度，还是从技术变革的角度，或者从我国的市场规模、要成为汽车强国的角度来说，汽车代工需要一定的时间，也需要一定的政策支持。

4. 汽车强国

目前我国汽车保有量超 2.81 亿辆，自主品牌汽车占比越来越大，2020 年国内市场份额接近 40%，国际市场份额更少。发展新能源汽车是我国从汽车大国迈向汽车强国的必由之路。

主机企业要有核心竞争力，零部件企业要有国际竞争力。目前，除蔚来、小鹏、理想造车新势力外，比亚迪在新能源汽车有全产业链的布局，刀片电池、IGBT 在国内属于领先；吉利有 SEA 浩瀚架构，这被认为是国内目前最好的纯电车型架构；长城通过蜂巢能源、蜂巢动力，在动力电池和混动领域均有布局；广汽在自动驾驶、快充、电池安全领域建立了雄厚的技术储备；百度有自己的 AI、APOLLO、小度车载和导航；华为有自己的智能驾驶、智能座舱、智能电动、智能网联、智能车云五大系统。中国汽车企业在智能电动领域的核心技术积累和竞争力提升是看得见的。

另外，从整个中国汽车市场这一块来说，有大市场的支撑，有开放而自由竞争的产业环境，未来 10 到 20 年，中国自主品牌一定会出现年销售量达 400 万以上的跨国车企。整体来说，从现在这些造车新势力的竞争力来说，中国出现跨国车企的概率还是很大的。从这个角度来说，这些造车新势力的投资价值还有不少的上升空间。

2022 年新能源汽车推广补贴方案

课后习题

一、填空题

1. 1834年，美国人_____研制的直流新能源汽车称为世界上第一辆新能源汽车。
2. _____和_____，促进新能源技术快速发展。
3. 我国新能源汽车的类型有_____、_____、_____。
4. 我国973计划的能源项目之中也设立了新能源汽车专项，由国家科学技术部组织实施，主要涉及_____、_____及相关的_____基础研究。

二、选择题

1. 不属于"三纵"中三条技术路线的是（ ）。
   A. 纯电动　　　　　　　　B. 油电混合动力
   C. 燃料电池　　　　　　　D. 生物燃料
2. 不属于"三横"中三种共性技术的是（ ）。
   A. 蓄电池　　　　　　　　B. 电动机
   C. 电控系统　　　　　　　D. 动力总成控制系统

三、问答题

1. 简述我国发展新能源汽车的必要性。
2. 新能源汽车最突出的优点是什么？

项目 2
新能源汽车电动机系统

📘 知识目标

1. 按照工作电源说出电动机的类型及其发明者
2. 了解永磁同步电动机的结构及工作原理
3. 了解交流异步电动机结构及工作原理
4. 了解开关磁阻电动机结构及工作原理
5. 掌握电动机控制器的特点及功能

📝 能力目标

1. 能够简述永磁同步电动机的结构及工作原理
2. 能够简述交流异步电动机结构及工作原理
3. 能够简述开关磁阻电动机结构及工作原理
4. 能够简述电动机的性能特点及电动机的调速控制

📋 素质目标

1. 具有法律意识、环保意识、安全意识
2. 具有正确的劳动态度以及爱岗敬业、吃苦耐劳的精神
3. 热爱本专业,激发专业学习兴趣
4. 培养技能救国、科技兴国的理念以及科技报国的国家情怀和使命担当

⏱ 课时

16 课时

2.1 电动机

⚙ 2.1.1 电动机的类型

电动机的种类繁多，按照工作电源不同，可以分为直流电动机和交流电动机两大类，如图 2-1 所示为交流电动机。

图 2-1 交流电动机

交流电动机按转子磁场与定子磁场的转速是否相同，又分为同步电动机和异步电动机两大类，其中，同步电动机又分为永磁同步电动机、磁阻同步电动机和励磁同步电动机；异步电动机又分为三相异步电动机和单相异步电动机，如图 2-2 所示。

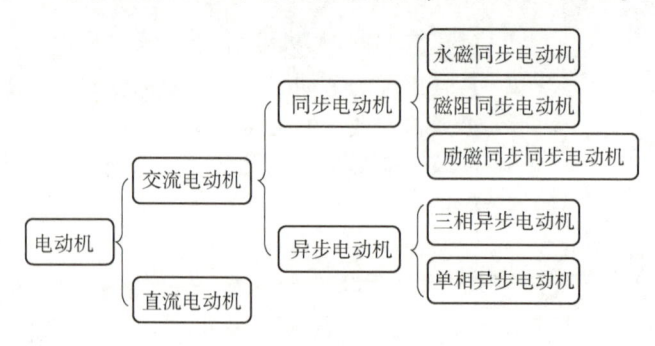

图 2-2 电动机的分类

在新能源汽车上，目前大多数采用交流电动机，而且以永磁同步电动机和三相异步电动机两种交流电动机为主。

2.1.2 电动机的发明

说起电动机的发明，还要从英国伟大的物理学家、化学家迈克尔·法拉第开始。1821年，法拉第受丹麦科学家汉斯·奥斯特一个发现的启发，发明了第一台电动装置。

当时奥斯特发现，如果电路中有电流通过，它附近的罗盘磁针就会发生偏转。法拉第受此启发，于是设想假如将磁铁固定起来，那么通电绕组就可能会运动。根据这种设想，他成功地发明了一种简单的电动装置，在这个装置内，只要有电流通过导线，导线就会绕着一块磁铁不停地转动。其实，法拉第发明的是第一台电动机，这是世界上第一台使用电流就能转动物体的装置，如图2-3所示。虽然这个简单的电动装置在当时没什么实际用处，但它却是今天世界上所有电动机的祖先。

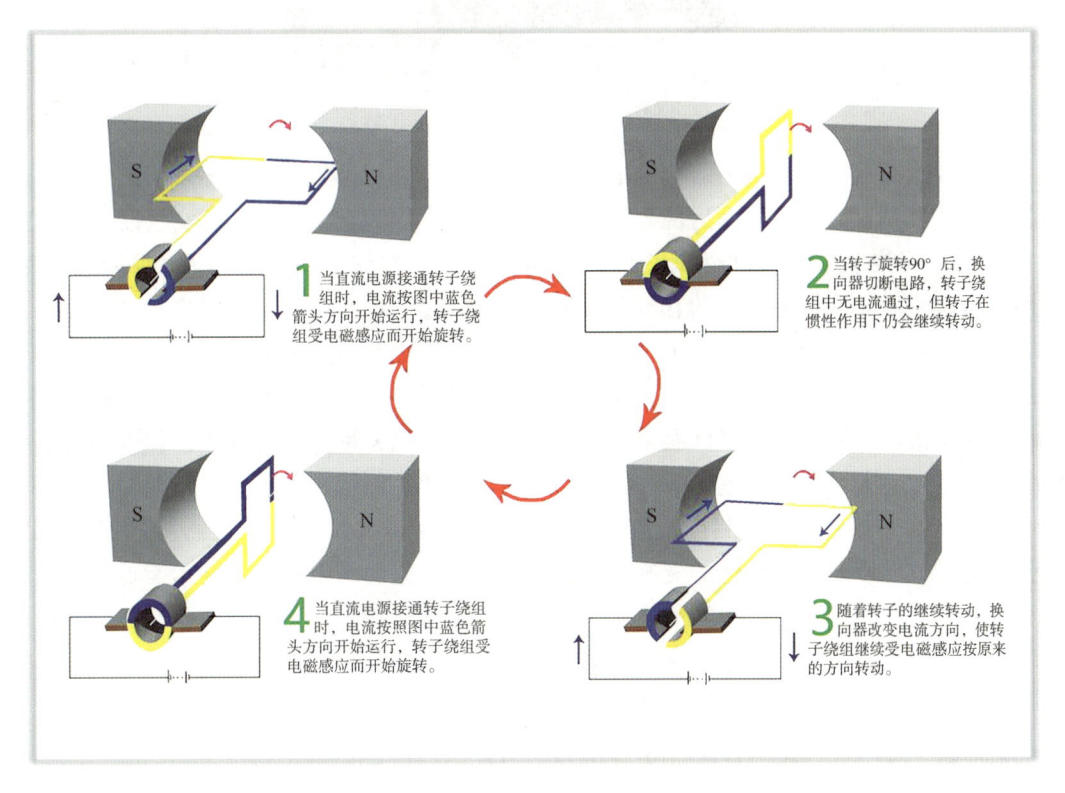

图 2-3 直流电动机原理图

法拉第只是发明了电动机，但并没有真正制造出实用的电动机，因为这个电动装置在当时并没有任何商业价值。到了1832年，法国人希波利特·皮克斯根据法拉第把载流导线置于磁场中的合适位置就能产生旋转运动的理论，制造出一台电动机，并于该年的9月3日在巴黎科学院演示了电动机的工作原理，这便是电动机的首次公开亮相。

1831年，法拉第发现，当一块磁铁穿过一个闭合线路时，线路中就会有电流产生，这个效应叫电磁感应，产生的电流叫感应电流。根据这个实验，1831年10月28日，法拉第发明了圆盘发电机。这个圆盘发电动机虽然结构简单,但却是人类创造出的第一台发电机,如图2-4所示。

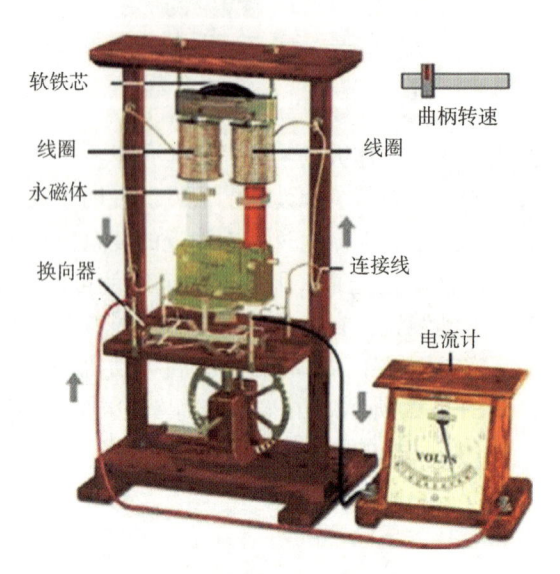

图2-4 法拉第发明的圆盘发电机

现在新能源汽车上最常用的交流电动机是尼古拉·特斯拉在1831年发明的,而在此前的电动机都是直流电动机,运转时需要用电刷整流,因此会出现火花,安全性较差。

尼古拉·特斯拉出生于克罗地亚农村。1881年,他在匈牙利布达佩斯电报局工作时,利用业余时间研究困扰他很久的直流电动机的安全问题。1882年的一天,与朋友在郊外散步时,特斯拉灵机一动,头脑中构思出一种全新的交流电动机模型,它完全不用电刷和整流器,转子不接电路而是悬空转动,使用交流电,无须整流、无火花,相比原来的直流电动机要安全得多。因为它是根据电磁感应原理制成,所以又称感应电动机。但他当时既无财力又无名望,无法把它们造出来,故交流电动机仍只是停留在设想上。

1884年,特斯拉带着一封推荐信和他的设计图移居美国,并在新泽西爱迪生工厂寻求职位。特斯拉向爱迪生呈现他的交流电动机的发明时,爱迪生因担心这会影响他公司直流电和直流电动机的发展,便拒绝了特斯拉的交流电动机计划。后来,特斯拉将其交流电动机的专利卖给了西屋公司,从此交流电动机才得以量产并迅速普及。

2.1.3 直流电动机的结构及工作原理

相对而言,直流电动机的构造与原理要比交流电动机简单得多。直流电动机的定子结构与交流电动机的定子有很大不同,它的定子磁场是一个固定磁场,并不会像交流电动机的定子磁场那样旋转。直流电动机的转子绕组接通直流电源后,会产生一个转子磁场。当定子磁场与转子磁场相互作用时,根据同性相斥、异性相吸的原理,转子绕组的一侧就会受到排斥,另一侧则会受到吸引,这样转子就会在两个磁场的相互作用下开始转动,如图2-5所示。但是,由于定子的磁场是固定不变的,转子绕组转动半圈之后就会停止不动,如图2-5(a)、(b)所示;如果此时采用换向器,将转子绕组中的电流方向改变,也就等同于改变了转子电磁场的方向,从而在同性相斥、异性相吸的电磁原理作用下,转子绕组又会继续转动半圈,如图2-5(c)、(d)所示。然后,转子绕组电流再次改变方向,转子又会转半圈。就这样周而复始,转子绕组中的电流方向总在改变,那么转子就会不停地连续旋转起来。

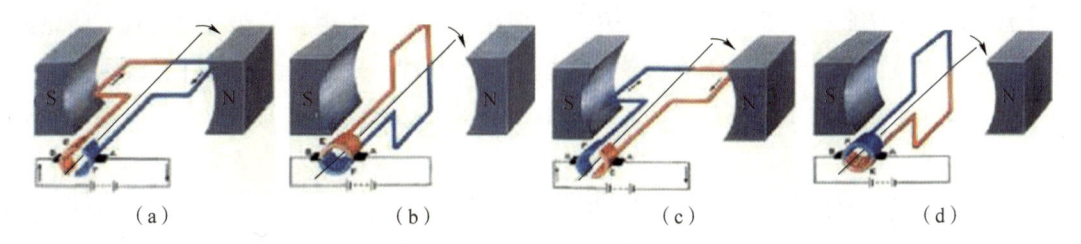

(a)　　　　　　(b)　　　　　　(c)　　　　　　(d)

图2-5　直流电动机工作原理

定子磁场也称主磁场,是由磁极产生的。主磁场的产生方式有两种:一种是由永久磁铁产生的永磁场,如图2-6所示;第二种是由缠绕在定子铁芯上的励磁绕组通上直流电后产生的,如图2-7所示。绝大多数直流电动机的定子磁场都是通过第二种方式来建立的。

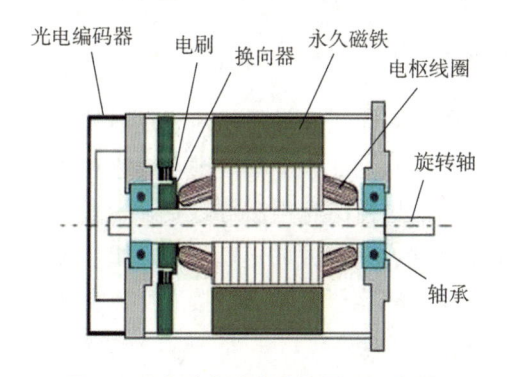

图2-6　永磁直流电动机原理示意图

视频:直流电动机的分类

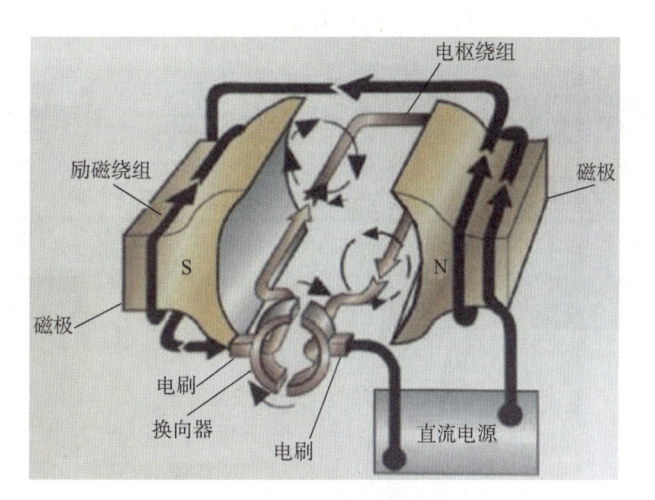

图2-7　励磁直流电动机原理示意图

视频:直流电动机的结构

新能源汽车很少使用直流电动机。因为直流电动机效率低,换向器和电刷需要定期维护,运行成本高,运用场合有限,可靠性差,因此应用较少。更为重要的是,配备直流电动机的新能源汽车往往无法实现制动能量回收，因为直流电动机在作为发电机发电时发出的是交流电，但在直流电动机上没有配备逆变器（因为电池都是直流电，在向直流电动机供电时不需要转换成交流电），无法将汽车制动时回收的交流电转换成直流电储存于动力电池中，这对以节能为最高宗旨的新能源汽车来说，显然不太适合。

基于以上两个原因，尤其是第二个原因，现在直流电动机主要用在电控玩具、两轮或三轮电动车以及工业设备中，而在四轮新能源汽车上基本不采用直流电动机。

有刷直流电动机由于电刷的换向，使得电枢绕组通电后产生一个不断变化磁极方向的旋转磁场，从而使电动机运转。但电刷使得电动机有很多弊端，尤其是安全性能不高。于是人们在此基础上研究出了无刷直流电动机，其原理是利用转子位置传感器检测出转子的位置，然后通过控制与电枢绕组连接的各功率开关的导通与截止来控制电枢绕组的电流方向不断改变，从而在主磁场的相互作用下拖动转子旋转。这样，随着转子的转动，转子位置传感器不断地送出信号，以改变电枢绕组的通电方向，起到电刷与换向器的作用，从而使直流电动机顺利地运转起来。

2.1.4　交流电动机的结构

交流电动机主要有两大部件：定子和转子。定子是最外面的圆筒，圆筒内侧缠有很多绕组，这些绕组与外部交流电源接通，整个圆筒则与机座连接在一起，固定不动，因此称为"定子"。在定子内部，要么是缠绕有很多导线的圆柱体，要么是笼型结构的圆柱体，它们与电动机的动力输出轴连接在一起并同速旋转，因此又称为"转子"。转子与定子之间没有任何连接和接触，但是，当定子上的绕组接通交流电源时，转子就会立刻旋转并输出动力。

本章介绍的几种交流电动机，其主要区别在于转子的结构形式和转子磁场产生的方式上。转子形状有绕线型和笼型，如图 2-8 所示。

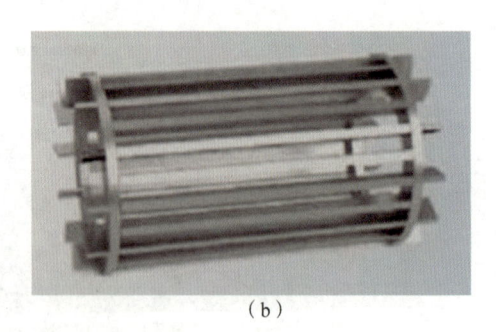

图 2-8　绕线型转子和笼型转子
(a) 绕线型转子；(b) 笼型转子

如果采用绕线型转子，也就是由绕组绕成封闭的导电环路，就称其为绕线式交流异步电动机；如果采用笼型转子，由金属条组成一个封闭的导电环路，就称其为笼式交流异步电动机，如图 2-9 所示。

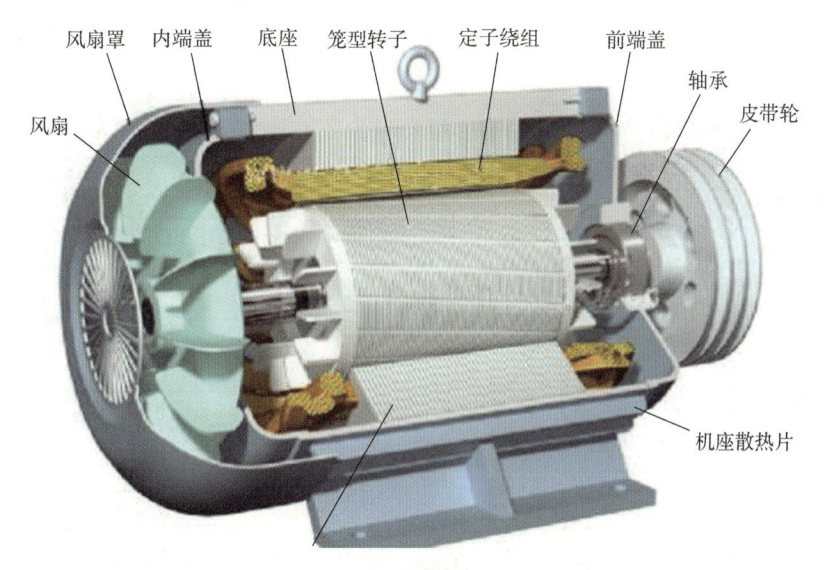

图 2-9　笼式交流异步电动机构造

2.2　交流异步电动机

2.2.1　交流异步电动机的工作原理

交流电动机的工作原理是通电后转子绕组在旋转磁场里转动。电动机中的定子和转子并不接触，为什么给定子绕组通上交流电后，转子就会旋转呢？其工作原理应用到两大电磁定律：法拉第定律和楞次定律。

当定子绕组通电后，由于交流电的特性，定子绕组就会产生一个旋转的电磁场。转子绕组是一个团环导体，它处在定子的旋转磁场中就相当于在不停地切割定子的磁力线。根据法拉第电磁感应定律，闭合导体的一部分在磁场里做切割磁力线的运动时，导体中就会产生电流，而这个电流又会形成一个电磁场，如图 2-10 所示。这样，在电动机中就有了两个电磁场：一个是接通外部交流电后而产生的定子电磁场；另一个是因切割定子电磁力线而产生电流后形成的转子电磁场。根据楞次定律，感应电流的磁场总要反抗引起感应电流的原因（转子绕组切割定子电磁场的磁力线），也就是尽力使转子上的导体不再切割定子磁场的磁力线。这样的结果就是：转子上的导体会"追赶"定子的旋转电磁场，也就是使转子跟着定子旋转电磁场旋转，最终使电动机开始旋转，如图 2-11 所示。

转子总是在"追赶"定子的电磁场，为了能够切割磁力线而产生感应电流，转子的转速总要比定子的电磁场转速慢一点（为 2%~5%），也就是异步运行，将这种产生感应电流的电动机称为交流异步电动机,如图 2-12 所示。

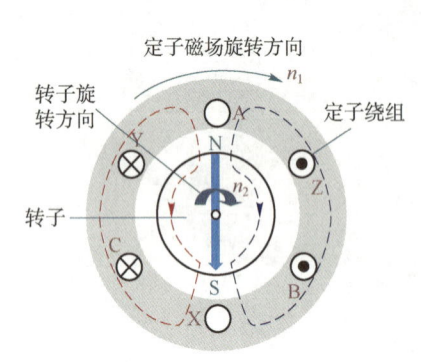

图 2-10 交流异步电动机工作原理示意图

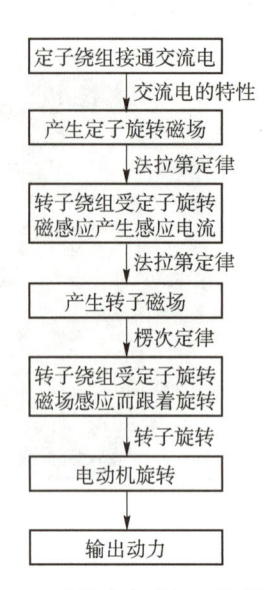

交流异步电动机:$n_1 > n_2$
交流同步电动机:$n_1 = n_2$

图 2-11 交流异步电动机工作原理流程图

视频:异步电动机控制方式的分类

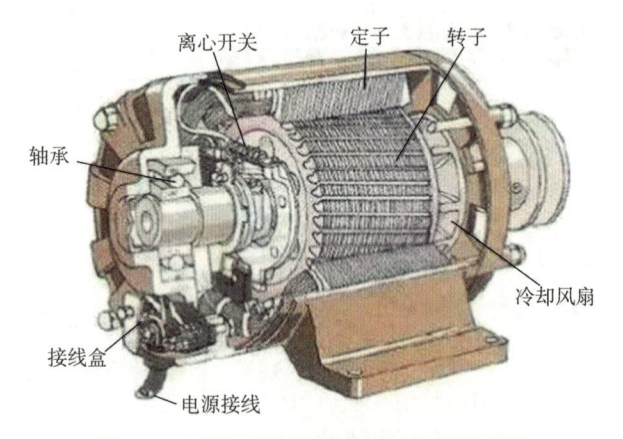

图 2-12 单相交流异步电动机构造示意图

视频:异步电动机的特点

2.2.2 交流异步电动机的特点

交流三相异步电动机是在新能源汽车上应用最为广泛的电动机,如图 2-13 所示。它具有结构简单、重量较轻、体积较小、运行可靠、经久耐用、保养成本较低,以及维修简单方便等优点。它的转速可达到 12 000~20 000 r/min。其缺点是控制系统非常复杂,制造成本较高,其控制系统的造价要远高于电动机本身。

图 2-13 交流异步电动机构造图

2.3 永磁同步电动机

2.3.1 永磁同步电动机的工作原理

在交流异步电动机中，转子磁场的形成分为两步：第一步是定子旋转磁场先在转子绕组中感应出电流；第二步是感应电流再产生转子磁场。在楞次定律的作用下，转子跟随定子旋转磁场转动，但又"永远追不上"，因此才称其为异步电动机。如果转子绕组中的电流不是由定子旋转磁场感应的，而是自己产生的，则转子磁场就与定子旋转磁场无关，而且其磁极方向是固定的，那么根据同性相斥、异性相吸的原理，定子的旋转磁场就会拉动转子旋转，并且使转子磁场及转子与定子旋转磁场"同步"旋转。这就是同步电动机的工作原理，如图2-14所示。

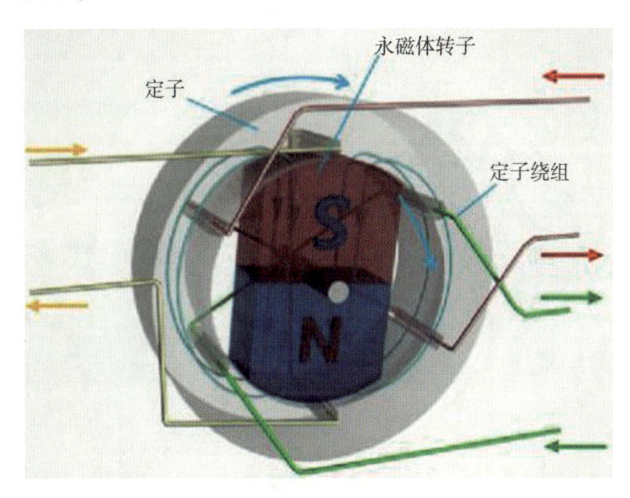

图2-14 永磁同步电动机原理示意图

根据转子自身磁场产生方式的不同，又可以将同步电动机分为两种：一种是将转子绕组通上外接直流电（励磁电流），然后由励磁电流产生转子磁场，进而使转子与定子磁场同步旋转，这种由励磁电流产生转子磁场的同步电动机称为励磁同步电动机；第二种是干脆在转子上嵌上永久磁体，直接产生磁场省去了励磁电流或感应电流的环节，这种由永久磁体产生转子磁场的同步电动机，就称为永磁同步电动机，其主要部件示意图如图2-15所示。

2.3.2 永磁同步电动机的特点

永磁电动机具有较高的功率/质量比，体积更小，质量更轻，比其他类型电动机的输出扭矩更大，电动机的极限转速和制动性能也比较优异，因此永磁同步电动机已成为现今在新能源汽车中应用最多的电动机，如图2-16所示为奥迪新能源汽车永磁同步电动机示

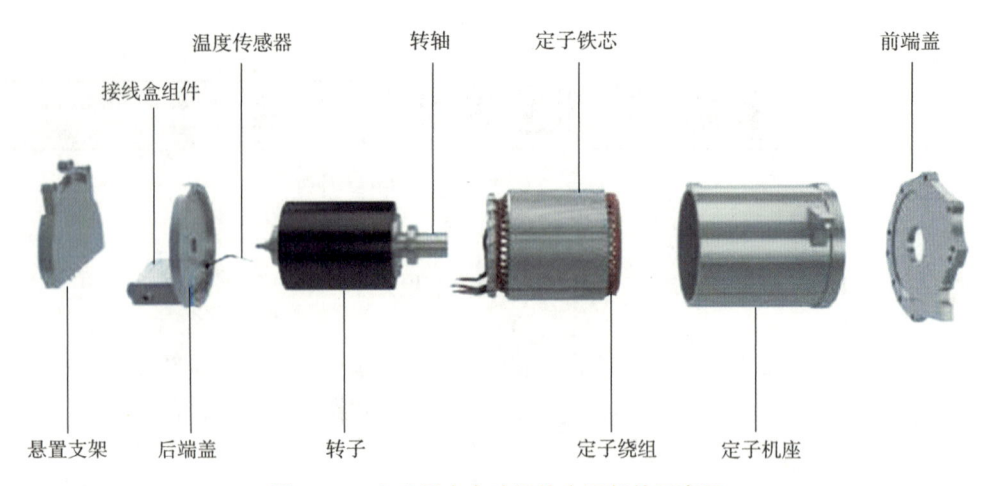

图 2-15　永磁同步电动机的主要部件示意图

意图。但永磁材料在受到振动、高温和过载电流作用时，其导磁性能可能会下降，或发生退磁现象，有可能降低永磁同步电动机的性能。另外，稀土式永磁同步电动机要用到稀土材料，制造成本不太稳定。

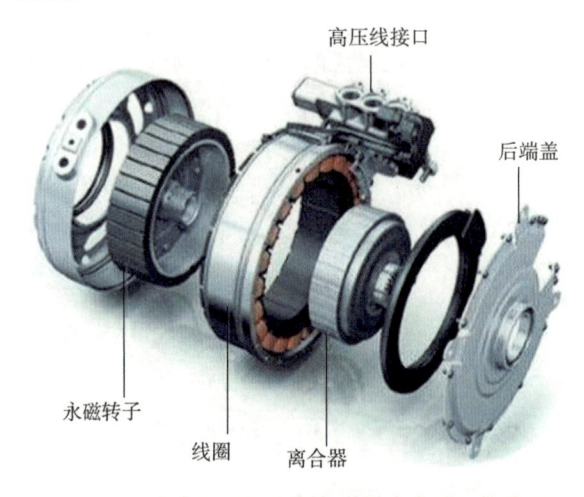

图 2-16　奥迪新能源汽车永磁同步电动机构造图

2.4　开关磁阻电动机

2.4.1　开关磁阻电动机的结构及工作原理

开关磁阻电动机是一种新型调速电动机，如图 2-17 所示，其结构极其简单且坚固，成本低，调速性能优异，是传统控制电动机强有力竞争者，具有强大的市场潜力。但目前也存在扭矩脉动、运行噪声和振动大等问题，需要一定时间对其优化改良以适应实际的市场应用。它主要由开关磁阻电动机、功率变换器、控制器与位置检测器四部分组成。控制器内包含功率变换器和控制电路，而转子位置检测器则安装在电动机的一端。

图 2-17 开关磁阻电动机构造实物图

开关磁阻电动机的工作主要是利用了磁阻最小原理，即磁通总是沿磁阻最小的路径闭合。在开关磁阻电动机中，旋转的磁场由开关电路产生。开关磁阻电动机的定子齿极上绕有线圈，径向相对的两个线圈串联在一起，形成一组，6个线圈共形成3组（暂且称它们为A组、B组和C组）。三组线圈分别受三个开关晶体管的控制，当某一开关导通时，则该线路上的一组线圈通电，如图2-18所示。通过控制三个开关的通断顺序，就能形成稳定的旋转磁场。由于铁芯与磁场方向一致的时候，磁阻最小，因此当A组线圈接通电源产生磁通时，磁力线从离A组线圈最近的齿极通过转子铁芯，根据磁阻最小原理，磁场会将转子的该对齿极变得和自己的方向一致，此时磁阻最小，转子停止运动。为了使转子继续转动，在转子未到达磁通最小位置前，A组线圈的电源就已切断，同时B组线圈的电源接通。接下来，离B组线圈较近的另一对转子齿极开始同样的历程。以此方法，只要适时改变三组线圈的通断，转子就能稳定旋转起来，如图2-19所示。

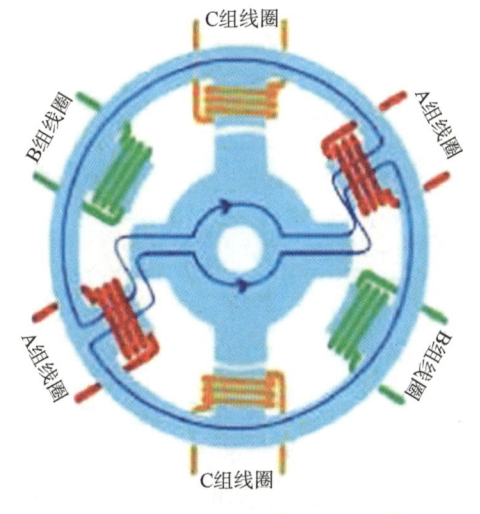

图 2-18 开关磁阻电动机工作示意图 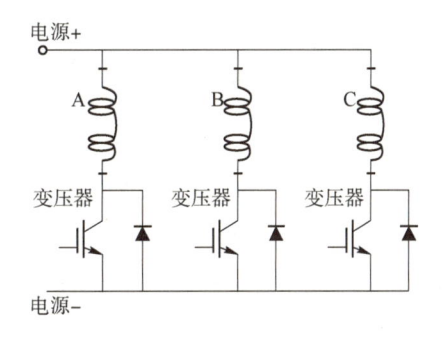　　图 2-19 开关磁阻电动机的开关电路

2.5 电动机的控制

2.5.1 电动机的特性

与传统的燃油发动机相比,电动机作为汽车的动力系统有很多优势,主要包括两点:一是可以使汽车的加速能力更强。传统内燃机汽车静止时发动机怠速约为 800 r/min,当它从静止起步加速时,发动机的扭矩必须随转速的升高而逐步升高,达到一定转速时才能输出最大扭矩。涡轮增压发动机在一定转速范围内保持最大扭矩,如图 2-20 所示。而自然吸气发动机最大扭矩对应的转速范围非常小,随着转速升高后很快就会衰减下来,如图 2-21 所示。

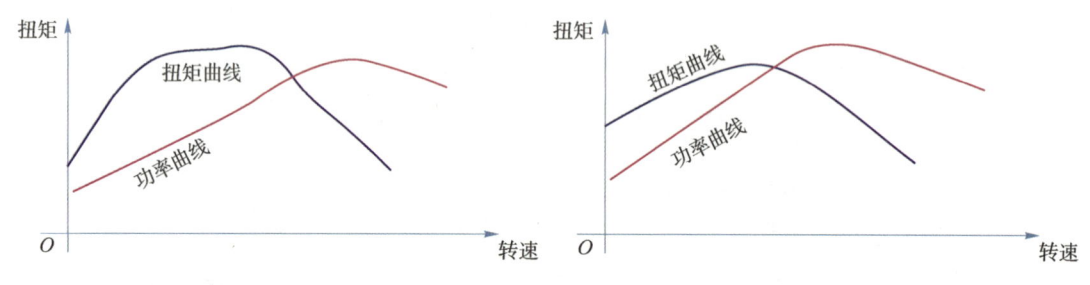

图 2-20 涡轮增压发动及其特性曲线

图 2-21 自然吸气发动机及其特性曲线

电动机的扭矩特性与它们完全不同,它刚起动就能达最大扭矩,并且保持较长一段转速范围,只有转速达到特别高时其扭矩才会衰减,如图 2-22 所示。因此,0~60 km/h 的加速时间要比内燃机汽车快很多。

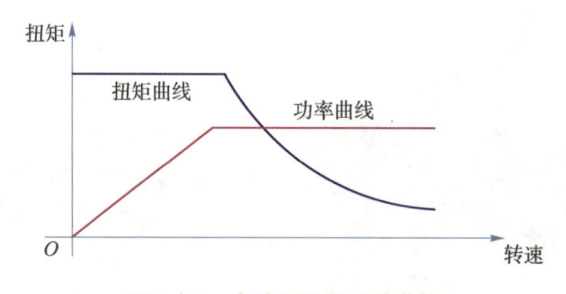

图 2-22 电动机及其特性曲线

采用电动机作为动力系统的汽车不需要变速器就能起步。变速器当初被发明的目的就是帮助汽车起步和爬坡,因为发动机的初始扭矩较小,驱动笨重的汽车起步时就比较困难,更无法拖动汽车爬坡。变速器则可以通过齿轮传动将发动机的扭矩放大,从而让汽车拥有更大的驱动力,使汽车顺利地起步和爬坡。而电动机的初始扭矩是最大的,不需要变速器放大即可驱动汽车顺利起步和爬坡,因此可以不配变速器,只需配一个减速齿轮将电动机的转速减下来即可。没有变速器,不仅少了一个传动环节,节省了制造成本和维修保养成本,而且动力传递更直接,能量损耗也更小。

电动机与发动机的差别很大,不仅形状不一样,而且个头要小很多,结构也简单得多,制造成本更是低很多。其实发动机上都有一个电动机,即起动机,所有传统汽车的起动都是由起动机带动飞轮、曲轴、活塞等一系列发动机部件先运动起来,然后才能使发动机持续运转的。

发动机上电动机的功率和个头都很小,只需要能驱动活塞运转即可。然而,新能源汽车上的电动机需要很大的功率,它要作为驱动汽车前进的动力,但由于结构简单,个头也只有西瓜那么大。别看电动机的个头较小,它输出的功率和扭矩并不小,完全可以与发动机的最大功率和最大扭矩相媲美。更难能可贵的是,电动机的扭矩特性更适合作为汽车的驱动装置,因为电动机在起动时就能达到最大扭矩,或者说在 0 转速时电动机就具有最大扭矩,而发动机的最大扭矩至少要在转速达到 1 200 r/min 以上时才可能达到。

电动机为什么会有这样的扭矩特性呢?这是因为电动机的定子与转子之间没有任何接触,两者在物理结构上完全独立,如图 2-23 所示,当转子受电磁感应而旋转时,在它本身内部没有受到任何阻力,可以很容易地达到最大扭矩。而燃油发动机的旋转机构有很多"累赘",包括飞轮、曲轴、连杆和活塞等,不仅有重力,还有摩擦力等会影响旋转机构的运转,如图 2-24 所示,因此它的扭矩输出必须随着转速的提高而逐渐提升。

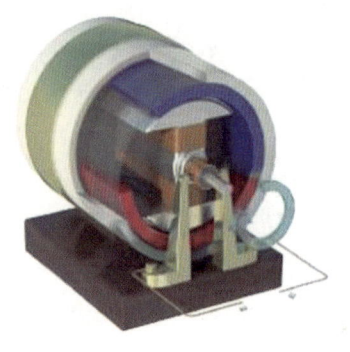

图 2-23 电动机构造图

图 2-24 燃油发动机构造图

2.5.2 电动机的调速

1. 影响交流异步电动机转速的因素

为了弄清楚交流异步电动机的转速与哪些因素有关,这里再将异步电动机的工作原理介绍一遍:首先,异步电动机的定子绕组接通三相电源后,由于三相电源的相与相之间的电流在相位上相差120°,而且定子中的三个绕组在空间方位上也互相差120°,这样,定子绕组就会产生一个旋转磁场;其次,定子绕组产生旋转磁场后,转子导条(笼条或绕组)将切割旋转磁场的磁力线而产生感应电流,进而产生转子感应磁场。在楞次定律的作用下,转子就会跟着定子旋转磁场同方向转动,并且转子的转速低于定子旋转磁场转速的2%~5%,即转子的速度比定子旋转磁场的转速要慢一些,如图2-25所示。如果假设转子与定子旋转磁场的转速差为S,那么:异步电动机转速=转子转速=定子旋转磁场转速×(1-S)。因此,只要控制定子旋转磁场的转速,就能同时控制电动机的转速。

2. 影响永磁同步电动机转速的因素

永磁同步电动机的转子磁场与定子旋转磁场无关,它是通过转子自身所嵌的永磁体而自生的磁场,因此转子的旋转不受楞次定律限制,只是依据同性相斥、异性相吸的原理作用,而且转子转速与定子磁场完全一致(也正因此才被称为同步电动机),即转子与定子磁场的转速差$S=0$,即同步电动机转速=转子转速=定子旋转磁场转速,如图2-26所示。因此,永磁同步电动机与交流异步电动机一样,只要控制定子旋转磁场的转速,就能同时控制电动机的转速。

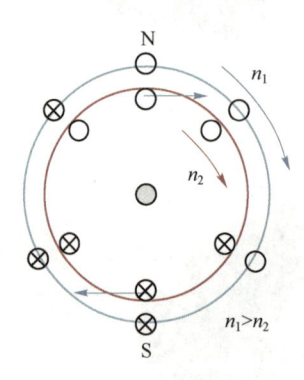

图2-25 交流异步电动机原理图

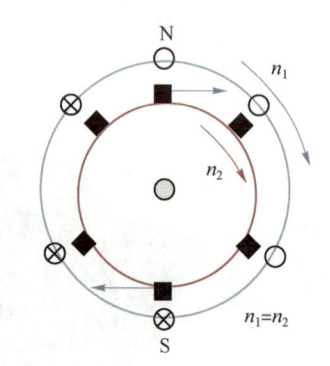

图2-26 永磁同步电动机原理图

3. 调解电动机转速的方法

综上所述,不论是交流异步电动机,还是永磁同步电动机,只要调节定子旋转磁场的转速,就能控制电动机的转速。定子旋转磁场的转速与电源频率和磁极对数有关，具体计算公式是：

$$n_{定} = 60f/p$$

式中，n 为定子旋转磁场转速（r/min）；f 为电源频率（Hz）；p 为磁场的磁极对数（磁极数除以 2）。

可以得出：交流异步电动机转速

$$n_{交} = (1-s)\,60f/p$$

式中，s 是磁场转速与转子转速之间的转速差（为 2%～5%）；

永磁同步电动机的转速

$$n_{永} = 60f/p$$

由此我们知道，控制交流异步电动机和永磁同步电动机的转速，都有两种方法：

（1）变磁极法（调节 p）。

（2）变频法（调节 f）。

以往多用改变磁极的方法来调节电动机的转速，但随着半导体技术和电子技术的进步，现在的新能源汽车都是采用调节电源频率，也就是变频调速来实现对交流电动机转速的控制，而且是无级调速。

三相交流电由 A、B、C 三相组成，按每个交流周期 360°、每相间距 120°，如图 2-27（a）所示。黄色为 A 相波形，绿色为 B 相波形，红色为 C 相波形，如图 2-27（b）所示。

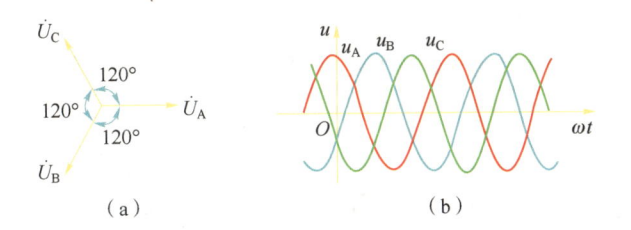

图 2-27 三相交流电

（a）三相交流电相位角；（b）三相交流电波形图

当定子绕组中通三相电流后，三相电流随时间不断变化，它们共同产生的合成磁场也随着电流的变化而在空间不断地旋转，这就是旋转磁场。

2.6 新能源汽车电动机模块化展望

新能源汽车主要由动力总成系统（电池、电动机及电控）、制动系统、汽车电子、底盘、车身、内外饰和通用件等组成。其中，动力电池、电动机和电控构成了新能源汽车的"三电"，电动机和电控替代传统汽车的发动机（变速器），其性能直接决定新能源汽车的主要性能指标和成本，是新能源汽车的核心部件之一。在新能源整车成本构成中，电动机、电控占整车成本约21%，是仅次于电池的第二大成本支出。

汽车研发生产经历了手工作坊、流水线、平台化、模块化平台4个阶段。汽车模块化平台有利于节约成本、管控质量、提升效率，是未来车企竞争的核心能力之一。整车厂的平台化和模块化架构越来越普遍，其本质是汽车研发和制造体系的标准化和模块化，对零部件企业相应也提出了模块化和系统化的要求。

2.6.1 电动机

根据电磁感应定律，电动机将电能转换成机械能，为电动汽车提供动力，作用类似于传统汽车的发动机。电动机控制器通过集成电路控制电力及电压，控制电动机按指定的方式输出动力，调节电动机运行状态，使其满足整车的不同运行要求。

目前，应用于新能源汽车的电动机主要包括集中电动机和分布式电动机。永磁同步电动机、交流异步电动机在乘用车、商用车领域应用较为广泛，它们均属于集中式电动机。绝大多数新能源汽车采用集中式电动机，结构与传统汽车相似，可靠性好，但传动效率较低。其中，转速区间和效率相对较高的永磁同步电动机占装机量的76%。

另一类车用电驱属于分布式电动机，包括轮毂电动机和轮边电动机。分布式驱动系统具有传动链短、经济性好、车身内部空间利用效率高等特点，以轮毂电动机为代表的分布式电驱系统是电动车驱动的重要技术方向。

综上所述，集中式电驱中的永磁同步电动机是市场主流，分布式电驱的代表——轮毂电动机是未来电动车的发展方向。

2.6.2 整车和零部件的模块化

底盘是汽车平台化、模块化中最重要的部件系统，而且由于底盘、悬架与制动等机构紧密相关，同一整车平台有着高度标准化的底盘和悬架系统，因此也是汽车零部件中平台化、模块化特征最明显的部分。

市场竞争迫使整车企业从采购单个零部件转变为采购整个系统，这一转变不仅有利于整车厂商充分利用零部件企业专业优势，而且简化了产品配套环节，缩短了新产品开发周期。底盘系统供应商需要深度参与整车企业的新产品研发、设计和生产过程，需要具备强大的技术和经济实力。

2.6.3 车用电动机行业和模块化底盘产品发展状况

1. 2019—2020年新能源汽车市场情况

新能源汽车的市场销量情况直接决定电动机的市场情况。2019—2020年度的整体市场情况是短期内下滑，中长期仍有增长空间。新能源汽车的销量同样受到疫情影响，并叠加了"补贴退坡""双积分"政策的多重影响，终端市场短期内销量同比下滑。2020 年 1—3 月，新能源汽车的产销分别完成 10.5 万辆和 11.4 万辆，同比下降 60.2% 和 56.4%。

从中长期发展看，结合车企面对购买主力的差异化战略，新能源汽车仍处于稳中有升的发展态势。针对新能源汽车领域的汽车零部件，也将面临新一轮的发展机会。

2. 电动机行业市场情况

目前，依据汽车整车和零部件行业的发展情况，电动化优先进入快速成长期。不论是产品迭代更新、服务模式创新，还是市场竞争层面，以特斯拉、比亚迪为首的新能源整车企业已率先进入稳定增长阶段，带动电动化相关的汽车零部件企业的发展，订单数量明显增加。

电动机作为新能源汽车核心部件之一，随着新能源汽车产销量增加，保持着持续增长态势。

2011 年，全国新能源汽车电动机装机量仅 7 000 台；2017 年，全国新能源汽车电动机装机量已达 87.42 万台；2019 年，全国新能源汽车电动机装机量已超过 124 万台。

3. 电动机产业链上下游情况

电动机的产业链上游是电解铜（电磁线）、硅钢、钢材、铝材、绝缘材料和永磁材料等原材料供应商，以及轴承、换向器、冷却器等配件供应商；下游是整车制造企业。电动机属于定制产品，电动机供应商的产品通过下游汽车制造厂商、电控生产企业的检测及试验等考核后，进入客户供应商体系。

同时，电动机制造企业需要根据下游客户的订单情况确定原材料或配件采购量。主要原材料由企业利用比价方式向合格供应商采购，部分零部件委外加工，由电动机企业负责设计或制定加工要求，委托其他企业加工生产。因此，电动机制造企业必须紧密配合整车制造企业和电控设备提供商，具备足够的上游资源整合能力，从而建立稳定的研发设计、生产制造、物料采购及物流供货链条。

4. 竞争格局和参与企业

1）集中式电动机

截至 2019 年 12 月底，国内有 62 家电动机生产企业实现装机配套，较 11 月又增加 3 家。装机量排名前 10 的依次是：北汽新能源、比亚迪、华域汽车、创驱新能源、日本电产、大众汽车、上海电驱动、蔚然动力、方正电动机、精进电动。其中，排名第一的北汽新能源也仅占 9.2% 的份额，在全国新能源汽车电动机需求持续提高的背景下，产业集中度仍不高。

纵观国内新能源汽车的电动机企业，主要有如下三类：

（1）具有传统整车及零部件生产经验的汽车企业，如比亚迪、上汽等。该类企业具有丰富的传统整车或零部件研发、设计与生产经验，有雄厚的经济实力和人才储备。由于电动机与整车开发设计密切相关，在整车开发初期就要同步进行配合，这类企业具有垂直资源整合优势。

（2）传统工业电动机企业，如方正电动机、大洋电动机等。该类企业具有多年传统电动机研发设计生产经验，一般选择与高校、科研院所合作，同时绑定一家整车企业，共同推进汽车用电动机驱动系统的产业化，其在电动机批量化生产方面具有优势。

（3）专门研发制造电动车电动机的企业，如精进电动、上海电驱动等。该类企业多为归国人员或科研人员创办，资本实力相对薄弱、融资渠道较为单一，但具有专业化设计研发优势，技术人才储备较为充足。

随着新能源汽车产业规模化进程的加深，电动机企业在电动机驱动领域的优势正逐步显现出来。产业链内部正通过并购新能源电动机企业实现强强联合，产业竞争格局处在剧烈变化中，这为具有资本和汽车产业链资源整合优势的后来者提供了一定的空间。

2）轮边电动机

轮边电动机是将电动机与固定速比减速器同时安装在车架上，减速器的输出轴通过万向节与车轮半轴相连来驱动车轮，技术相比传统电动机更复杂。

目前，轮边电动机驱动多应用于地铁和高铁上，汽车领域已应用于客车产品。国际上，采埃孚首先将轮边电动机应用于沃尔沃客车，国内的比亚迪 K9 新能源客车在 2014 年首先采用了轮边电动机，此后长江客车、中植客车、宇通客车等也陆续采用轮边电动机驱动客车。相比主流的集中式永磁同步电动机，轮边电动机在乘用车领域应用极少，其研发制造主要由大型客车企业主导，总装机量不高，成本较高。

3）轮毂电动机

轮毂电动机是将电动机嵌在车轮结构中，定子固定在轮胎上，转子固定在车轴上，动力传递不需要通过传动轴。汽车采用轮毂电动机，可以省去离合器、变速器、传动轴及差速器等部件。

行业内认为，新能源汽车动力系统的第一代是集中电驱，第二代是轮边电驱，第三代则是轮毂电驱。轮毂电动机是传统汽车或电动汽车发展的重要方向，具有高效节能、高度集成、轻量化和驱动灵活等优点，而且，轮毂电动机在乘用车和商用车领域都有市场空间。

在轮毂电动机领域，日本从 1991 年就已开始研发，日本庆应义熟大学、Keio 大学分别与东京电力公司、日本国家环境研究所合作，展开轮毂电动机的研究工作，设计应用于纯电动汽车的产品。

在产业层面，欧美公司占据主导地位，典型的包括荷兰的 E-Traction、美国的 Protean 和欧洲的 Elaphe。国内对轮毂电动机的研发起步较晚，但产业界通过并购、控股、合资等形式引进了核心技术和产品。恒大—泰特机电、万安科技、亚太股份分别投资了 E-Traction、Protean 和 Elaphe。

2.6.4 新能源汽车电动机模块化发展展望

（1）整合资源、快速切入、形成生态。尽可能争取中央和地方政府的新能源产业政策支持，基于企业自身在副车架、转向机构等底盘相关汽车零部件的加工制造能力和丰富的汽车供应链行业经验，在暂不能完全具备电动机及完整底盘系统的研发设计、生产工艺、自动化装备及过程控制能力的前提下，一方面，选择下游2~3家商用车、乘用车主机厂建立战略合作关系，或加入由非竞争性头部整车企业主导的新能源、零部件产业联盟；另一方面，与电动机、汽车底盘上游的企业形成联合研发、产品生产制造的长期合作伙伴关系。其中，电驱部分特别要与电控解决方案企业形成稳定的合作关系，积极构建新能源汽车电动机的产业生态系统；底盘模块化部分要绑定主机厂，积极参与主机厂的平台化战略。

（2）联合研发、快速突破技术壁垒，切入主机厂研发体系。国内轮毂电动机研发起步较晚，参考同业轮毂电动机企业的成功经验，企业可引入外部研发和产业化资源，加强与高校的协作，快速突破技术壁垒，形成轮毂电动机的研发平台和初步配套能力。在模块化底盘部分，通过与下游主机厂、上游关键零部件企业形成资源融合，可快速培养系统级产品的研发、制造能力，特别是在底盘系统的模块化供应中，建立模块化产品设计开发、制造和服务等的全方位功能。

通过数字化手段，建立围绕整车——底盘系统的数字化及网络化联合研发、制造平台，引入相关关键零部件企业。其优势在于：

①有助于提高模块化产品的通用性和标准化。

②紧密绑定主机厂，可实现系统开发的一体化和研发、制造资源的共享与协同。

③有助于结合设计、研发，提高工艺、生产设备的模块化水平，降低成本，提高制造效率。

④提升针对主机厂的供货服务水平，形成独特的竞争力。

（3）明确和专注产业配套方向，结合自身战略发展规划，集中力量，实现突破。传统集中式电动机在商用车和乘用车领域均有配套，市场空间较大；而轮毂电动机则在商用、乘用车两个领域均处于探索完善和试产、试装阶段，现有领域内企业均有所侧重。底盘类零部件企业应在集中式电动机和轮毂电动机两个领域布局，结合自身战略发展规划，选择产业配套方向。轮毂电动机可以定位在商用车领域，并结合企业自身商业物流等战略，联合商用车企业，打造商业物流运输车辆平台。从市场的角度，参考欧洲市场经验和国内市场环境，研发制造轮毂电动机的企业，应主要以商用车作为突破口。

（4）跨界合作，研发、制造智能化零部件。国家发改委发布的"智能汽车创新发展战略"（征求意见稿）中提到，2020年实现智能新车比例达50%；2020—2025年，自动驾驶、车联网、智能座舱等重要智能车新技术将进行不同级别的市场化应用和试运营；零部件的智能化也将紧随电动化汽车零部件进入发展期。企业可在全国乃至全球寻求传感器、车联网、大数据等跨界产业合作伙伴，研发智能轮毂、智能电动机、可感知底盘等智能化零部件产品，从而提高传统零部件产品的科技附加值，显著提高车辆的行驶品质和安全性，满足下游整车企业的创新发展需求。同时，基于智能化零部件（智能产品）的研发，联合下游整机企业的智能化、网络化战略，为提高制造装备和服务的智能化、网络化水平，在建立数字化研发平台和智能制造生产线的过程中，还可以充分利用产业扶植政策。

📖 任务工单

学生姓名		组别		实训成绩	
任务描述	区别常见电动机工作原理及其优缺点				
学习目标	通过本任务的学习，能够对新能源汽车结构特点有一个初步的了解，能够掌握纯电动汽车电动机的分类及工作原理				
仪器设备	比亚迪秦、比亚迪 E5、吉利帝豪纯电动实训教学车辆、座椅三件套、翼子板布				

电动机分类	工作原理	优缺点

课后习题

一、填空题

1. 按照工作电源不同，电动机可以分为_____和_____两大类。
2. 同步电动机分为_____、_____、_____；异步电动机分为_____、_____。
3. 1821 年，_____发明了第一台电动装置。
4. 交流电动机主要有两大部件，分别是_____和_____。

二、选择题

1. 下列不属于永磁同步电动机特点的是（　　）。
A. 功率较高　　　　　　　B. 体积更小
C. 质量更轻　　　　　　　D. 制造成本低

2. 下列对交流异步电动机的表述错误的是（　　）。
A. 结构简单　　　　　　　B. 坚固耐用
C. 扭矩平稳　　　　　　　D. 转速低

3. 下列对直流电动机的表述错误的是（　　）。
A. 转速高　　　　　　　　B. 起动力矩大
C. 成本低　　　　　　　　D. 控制简单

三、问答题

1. 简述直流电动机的工作原理。
2. 简述永磁同步电动机的工作原理。
3. 电动汽车对电动机的要求有哪些？

项目 3

新能源汽车动力电池

学习目标

1. 能够说出主流的几款动力电池及其特点
2. 能够识别锂离子动力电池的结构
3. 能够简述锂离子动力电池的工作原理
4. 能够区分锂离子电池与锂电池
5. 能够简述动力电池管理系统的功能

能力目标

1. 能够简述锂离子动力电池的工作原理
2. 能够区分锂离子电池与锂电池
3. 能够简述动力电池管理系统的功能

素质目标

1. 具有法律意识、环保意识、安全意识
2. 具有严谨、规范、精益求精的大国工匠精神
3. 培养技能救国、科技兴国的理念以及科技报国的国家情怀和使命担当
4. 竖立民族自豪感和自信心,坚定理想信念,崇尚科学,具有良好的职业素养

课时

18 课时

3.1 动力电池的类型

⚙ 3.1.1 新能源汽车动力电池分类

电池作为新能源汽车的动力源,一直以来被视为新能源汽车发展的重要标志性技术,也是制约新能源汽车发展的重要瓶颈,其性能好坏直接关系到整车续驶里程的长短。

视频:新能源电池的六大趋势

电池从广义上讲主要可分为化学电池、物理电池和生物电池三大类,如图 3-1 所示。其中化学电池和物理电池已经应用于量产新能源汽车中,而生物电池则被视为未来新能源汽车电池的重要发展方向之一。

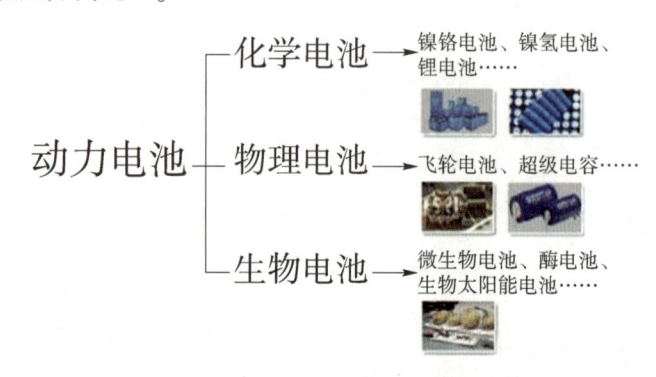

```
                  ┌─ 化学电池 ── 镍铬电池、镍氢电池、锂电池……
                  │
         动力电池 ─┼─ 物理电池 ── 飞轮电池、超级电容……
                  │
                  └─ 生物电池 ── 微生物电池、酶电池、生物太阳能电池……
```

图 3-1 新能源汽车动力电池分类

化学电池是目前新能源汽车领域应用最为广泛的电池种类,也是我们在本章内容中重点介绍的,如铅酸蓄电池、镍氢电池、锂离子电池和燃料电池。

1. 铅酸蓄电池

如图 3-2 所示,铅酸蓄电池的应用历史最长,技术最为成熟,是成本、售价最低廉的蓄电池,已实现大批量生产。其中阀控式密封铅酸蓄电池一度成为重要的车用动力电池,应用在众多欧美汽车公司开发的 EV 和 HEV 上,例如通用公司在 20 世纪 80 年代和 90 年代分别开发出的 Saturn 和 EVI 两款新能源汽车等。

但是,铅酸蓄电池的比能量较低,续航时间短,自放电率高,循环寿命短。其主要原料铅的重量大,而且在生产和回收过程中可能产生重金属的环境污染。所以,目前铅酸电池主要用于汽车起动时的点火装置,以及电动自行车等小型设备。

2. 镍氢电池

镍氢(Ni/MH)电池具有良好的耐过充、过放能力,不存在重金属污染问题而且在工作过程中不会出现电解液的增减现象,可以实现密封设计,免维护。与铅酸电池和镍电池

图 3-2 铅酸蓄电池

相比，镍氢电池具有较高的比能量、比功率以及循环寿命。其缺点是电池具有的记忆效应较差，而且随着充放电循环的进行，镍氢合金逐渐失去催化能力，电池内压会逐渐升高，影响到电池的使用。此外，镍金属昂贵的价格，也导致成本较高。

车用镍氢电池是混合动力汽车研制中应用最多的车载电池类型。目前主要的商业化混合动力汽车，如丰田的普锐斯、埃尔法和普瑞维亚，以及本田的思域、音塞特等均采用松下的镍氢动力电池组。

3. 锂离子电池

如图 3-3 所示，车用锂离子动力电池是在一次性锂电池基础上发展起来的，是目前纯电动车用电池研发的主要方向。锂离子电池具有无记忆性、自放电率低、环保、高比能量、高比功率等诸多优点，是继镍氢电池之后，最受研发机构和汽车厂商青睐的潜力车载电池。如今，在售新能源汽车配备的锂电池主要有磷酸铁锂电池和三元锂电池两种，如表 3-1 所示。

图 3-3 锂离子电池

表 3-1 在售新能源汽车配备锂电池情况

类型	重量能量密度（kW/kg）	电池单体标称电压（通常情况）	安全性	理论循环使用寿命（次）	商品化程度	代表车型	类型
铅酸蓄电池	30~50	2 V 左右	好	500~800	已淘汰	—	铅酸蓄电池

续表

类型		重量能量密度（kW/kg）	电池单体标称电压（通常情况）	安全性	理论循环使用寿命（次）	商品化程度	代表车型	类型
镍镉电池		50~60	1.2 V	较好	1 500~2 000	已淘汰	—	镍镉电池
镍氢电池		70~100	1.2 V	好	1 000	现使用	现款普锐斯	镍氢电池
锂离子电池	锰酸铁锂电池	100	3.7 V	较好	600~1 000	已淘汰	早期普锐斯	锰酸铁锂电池
	钴酸铁锂电池	170	3.6 V	差	300	已淘汰	特斯拉 Roadster	钴酸铁锂电池
	磷酸铁锂电池	100~170	3.2 V	好	1 500~2 000	现使用	腾势	磷酸铁锂电池
	三元锂电池	200	3.8 V	较好	2 000	现使用	特斯拉 Model S	三元锂电池

磷酸铁锂电池最大优点是安全稳定性和寿命在其他类型锂电池中堪称"霸主级别"，其循环次数能达到2 000次，但其较低的能量密度（100~110 Wh/kg）和低续航能力限制了其"一家独大"的能力。比亚迪的很多新能源车型以及北汽EV150和EV160所用电池就是磷酸铁锂电池。

三元锂电池的正极材料是用镍钴按一定比例混合搭配的。其优点是能量密度大（200 Wh/kg），比磷酸铁锂高出许多，但其安全性能略差。目前特斯拉Model S、北汽EV200等运用的就是三元锂电池，如图3-4和图3-5所示。

图3-4 特斯拉 Model S 外观

4. 燃料电池

简单地说，燃料电池是一种将存在于燃料与氧化剂中的化学能直接转化为电能的发电装置。燃料和空气分别送进燃料电池，电就被生产出来。它从外表上看有正负极和电解质等，像一个蓄电池，但实质上它不能"储电"，而是一个"发电厂"。

图 3-5 特斯拉 Model S 底部电池

目前最常见的燃料电池是质子交换膜燃料电池。它的工作原理是将氢气送到负极，经过催化剂（铂）的作用，氢气中的两个电子被分离出来，这两个电子在正极的吸引下，经外部电路产生电流，失去电子的氢离子（质子）可穿过质子交换膜（即固体电解质），在正极与氧原子和电子重新结合为水，如图 3-6 所示。由于氧可以从空气中获得，因此，只要不断给负极供应氢气，并及时把水（蒸汽）带走，燃料电池就可以不断地提供电能。

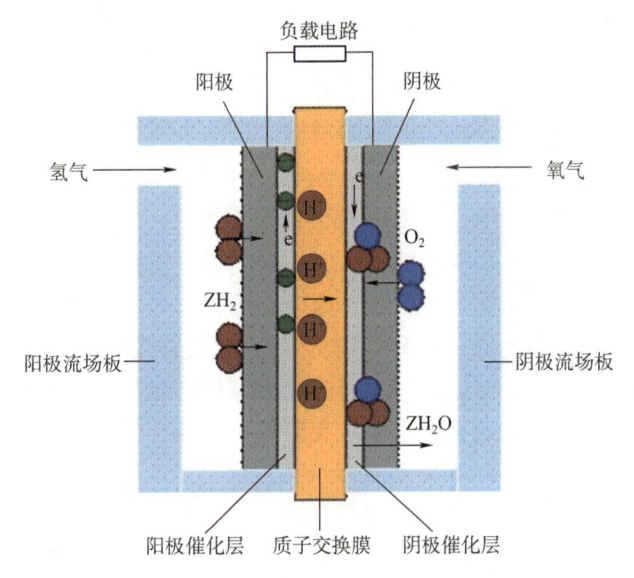

图 3-6 质子交换膜燃料电池图解

因为燃料电池直接将燃料的化学能转化为电能，中间不经过燃烧过程，因此不受循环的限制。目前燃料电池系统的电能转换效率为 45%~60%，而火力发电和核电的效率为 30%~40%。

5. 金属空气电池

金属空气电池是以金属为燃料，与空气中的氧气发生氧化——还原反应产生电能的一种特殊燃料电池。

金属空气电池以活泼的金属作为阳极，具有安全、环保、能量密度高等诸多优点。制作金属空气电池，可供选用的原材料比较丰富。目前已经取得研究进展的金属空气电池主要有铝空气电池、镁空气电池、锌空气电池和锂空气电池，如图 3-7 所示。这几种类型的金属空气电池有的已经具备大规模量产的条件，有的还停留在实验室阶段，有的已经在新能源汽车方面取得良好的应用成果，并即将大规模装载新能源车辆。在中国，铝和锌空气电池已有研发，并进入了市场应用，而锂空气电池的研究目前基本上还是一项空白。

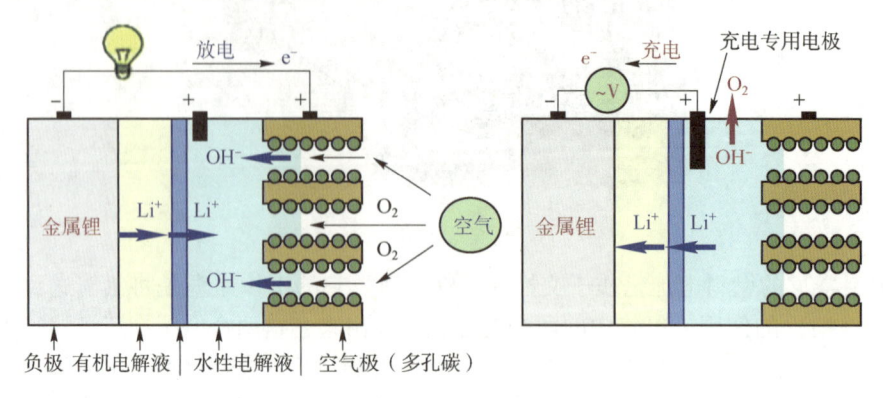

图 3-7　锂空气电池原理图

6. 物理电池

物理电池顾名思义，就是依靠物理变化来提供和储存电能的电池统称，如超级电容、飞轮电池和石墨烯电池等都属于物理电池的家族成员。

1）超级电容

超级电容是一种介于传统电容与电池之间的电源元件，其功率密度高但电池容量小，主要依靠双电层和氧化还原电容电荷储存电能，期间不发生化学反应，因此被归为物理电池的范畴。与之前所介绍的化学电池相比，超级电容有三大明显优势：首先，其反复充放电可达数十万次（传统化学电池只有几百到几千次），寿命要比化学电池高出很多；其次，超级电容在充放电时的功率密度极高，瞬间可放出大量电能，可满足车辆更加宽泛的电力需求；第三，工作环境适应能力更佳，通常在室外温度 40 ℃ ~ 65 ℃时，其都能稳定正常工作（传统电池一般为 -20 ℃ ~ 60 ℃）。

当然，有优势就会有不足，能量密度低就是制约超级电容发展的首要瓶颈，所以，目前其主要应用于车辆起动系统、军事以及少量公交车辆，如图 3-8 所示，至于是否可作为家用汽车动力电源使用，还需等能量密度难题有所突破后方可知晓。

图 3-8　超级电容公交车

2）飞轮电池

飞轮电池是20世纪90年代提出的一种新概念电池，也属于物理电池的一种。简单来说就是利用类似飞轮转动时产生能量的原理来实现自身的充放电。在2010年10月美国勒芒系列赛最后一轮中，保时捷911GT3混合动力赛车就首次正式使用飞轮电池技术，而其便是鼎鼎大名的保时捷918 Spyder的前身。不过这两款车型的飞轮电池仅作为辅助能源使用，其功能类似于我们常见的制动能量回收系统，如图3-9所示。即便如此，我们依然有理由相信，随着技术的不断发展以及价格的进一步降低，飞轮电池的应用前景将十分广阔。

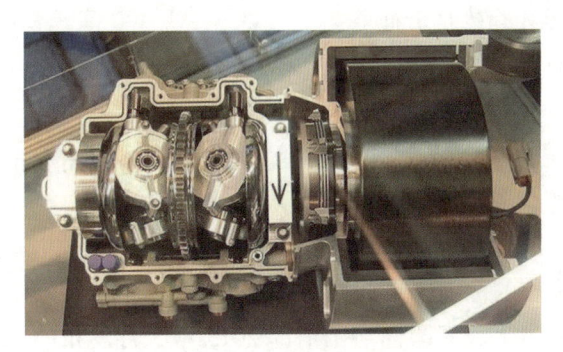

图3-9 飞轮动能回收系统

3）石墨烯电池

石墨烯是世界上最薄、最硬的材料，于2004年问世，其发现者英国曼彻斯特大学的安德烈·海姆教授于2010年获得诺贝尔物理学奖。

石墨烯电池是利用锂离子在石墨烯表面和电极之间快速大量穿梭运动的特性开发出的一种新能源电池，其结构如图3-10所示。据报道，利用石墨烯聚合材料生产出来的汽车电池，有望达到这样惊人的效果：只充电几分钟，就可以让汽车连续行驶1 000 km。

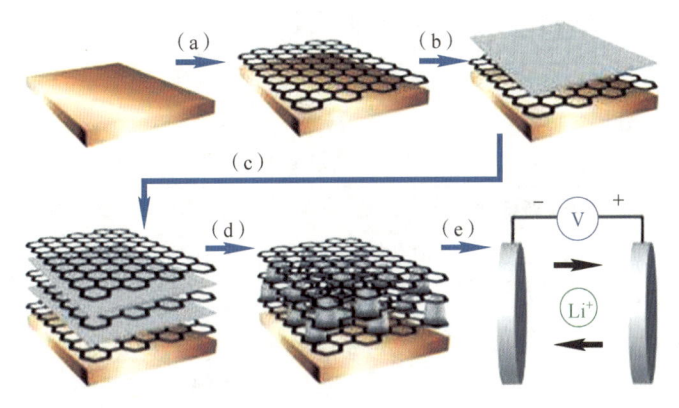

图3-10 石墨烯电池结构

这种石墨烯电池的使用寿命较长，是传统氢电池的四倍，锂电池的两倍。而且由于石墨烯的特性，此电池的重量仅为传统电池的一半，使得装载该电池的汽车更加轻量化。

3.1.2 新能源汽年对动力电池的要求

随着新能源汽车技术的发展，对于新能源汽车上使用的动力电池也提出了更高的要求，具体要求可以概括如下：

（1）良好的充放电性能（快速充放电性能和耐过充、过放电容量）。

（2）高功率密度（高功率、高功率体积比）。

（3）高能量密度（高质量的能量、高体积比）。

（4）价格较低，操作和维护方便。

（5）电池与车辆性能一致。

（6）较长的循环寿命（充放电循环后，工作年限）。

（7）其他的性能，对环境的污染问题（电池的生产、使用和报废回收过程中不能对环境有负面的影响）等。

随着2015年新版GB/T国家推荐标准的陆续发布，我国新能源汽车产业围绕动力电池系统已经基本构建了完整的标准体系，如图3-11所示，形成了行业的准入门槛，有利于行业的规范发展和优胜劣汰。新国标与工信部2015年3月发布的《汽车动力蓄电池行业规范条件》一起实施，将加速动力电池行业的洗牌，提高行业集中度，如表3-2所示。

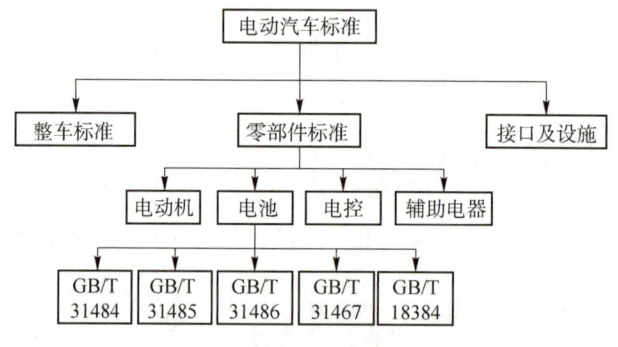

图 3-11 电动汽车标准

表 3-2 动力相关国标对比表

序号	新标准	旧标准
1	GB/T 31484—2015 电动汽车用动力蓄电池循环寿命要求及试验办法	QC/T 743—2006 电动车用锂离子蓄电池
2	GB/T 31485—2015 电动汽车用动力蓄电池安全要求及试验办法	QC/T 743—2006 电动车用锂离子蓄电池
3	GB/T 31486—2015 电动汽车用动力蓄电池安全要求及试验办法	QC/T 743—2006 电动车用锂离子蓄电池
4	GB/T 31487.1—2015 电动汽车用锂离子动力蓄电池包和系统第1部分：高功率应用测试规程	—

续表

序号	新标准	旧标准
5	GB/T 31487.2—2015 电动汽车用锂离子动力蓄电池包和系统第2部分：高能量应用测试规程	—
6	GB/T 31487.3—2015 电动汽车用锂离子动力蓄电池包和系统第3部分：安全性要求与测试方法	—
7	GB/T 18384.1—2015 电动汽车安全要求 第1部分：车载可充电储能系统	GB/T 18384.1—2001 电动汽车安全要求 第1部分：车载储能装置
8	GB/T 18384.2—2015 电动汽车安全要求 第2部分：操作安全和故障防护	GB/T 18384.2—2001 电动汽车安全要求 第2部分：功能安全和故障防护
9	GB/T 18384.3—2015 电动汽车安全要求 第3部分：人员触电防护	GB/T 18384.3—2001 电动汽车安全要求 第3部分：人员触电防护
10	—	QC/T 897—2011 电动汽车用电池管理系统技术条件

3.2 锂离子电池构造及原理

3.2.1 动力电池的连接方式

新能源汽车的电池并不是一块或两块电池，它是由数百到数千块单体电池按不同的串联和并联方式组合而成的。例如特斯拉 Roadster3 纯电动汽车就是由 6 831 节单体锂离子电池组合而成的。先是将 69 节单体电池并联为一组，再将 9 组串联为一层，最后将 11 层堆叠在一起，就组成了整个动力电池组，如图 3-12 所示。

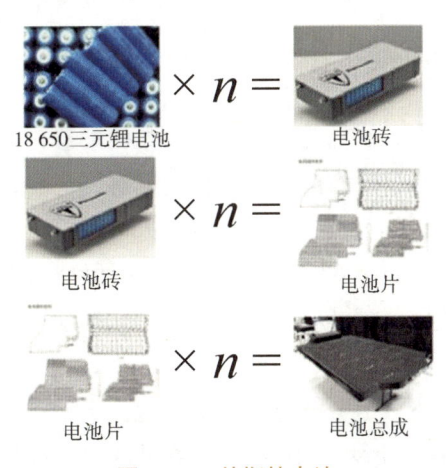

图 3-12 特斯拉电池

新能源汽车概述

日产聆风纯电动汽车的电池则是由 192 节 33.1 A 的层叠式锂离子电池组成的。先是由 4 节单体电池采用两并两串的连接形式组成一个模块，然后再将 48 个模块串联组成整个电池组，如图 3-13 所示。

图 3-13 日产聆风纯电动汽车的电池

通用汽车的沃蓝达插电式混合动力汽车的电池组由 288 节 45 A 的层式锂离子电池组成，先是将 96 个单体电池串联成一组，再将 3 组电池并联起来，就组成了整个电池组。

北汽 EV200 纯电动汽车的动力电池由 273 个三元锂电池单体构成，先由 3 个电池单体并联组成一个电池模块，再由这样的 91 个电池模块串联组成整个电池包，如图 3-14 所示。

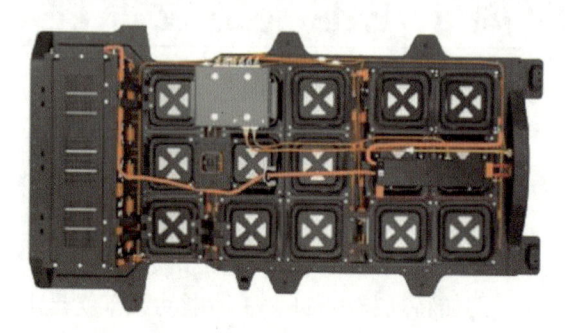

图 3-14 北汽纯电动汽车的三元锂电池组

3.2.2 锂离子电池工作原理

锂离子电池是指以锂离子化合物为正极材料的电池的总称。锂离子电池以碳素材料为负极，以含锂的化合物为正极，没有金属锂存在，只有锂离子，因此称为锂离子电池。而原来所谓的锂电池则是以纯锂作为负极，两者有很大区别。

锂离子电池的正极是含金属锂的化合物，一般为锂铁磷酸盐（如磷酸铁锂 $LiFePO_4$、磷酸钴锂 $LiCoO_2$ 等），负极是石墨或碳（一般用石墨），正负极之间使用无机盐作为电解质。

在对电池进行充电时，正极上分解出锂离子，锂离子通过电解质进入电池负极，嵌入负极碳层的微孔中，如图 3-15 所示。在电池的使用过程，也就是放电过程中，嵌在负极微孔中的锂离子又运动回正极。回到正极的锂离子越多，放电容量就越高。我们平时所指的电池容量就是指放电容量,如图 3-16 所示。这样,在电池充放电过程中,锂离子不断地在正极和负极之间来回迁移,所以锂离子电池也被称为摇椅式电池。

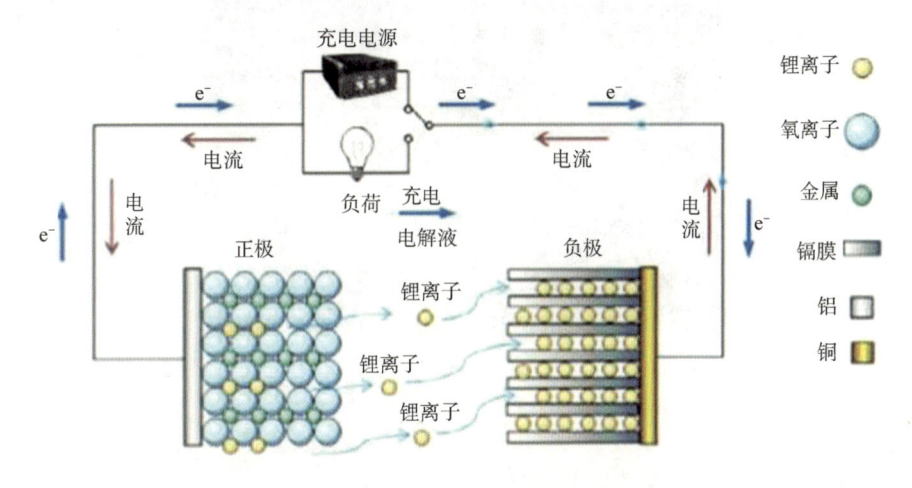

图 3-15　锂离子电池充电过程

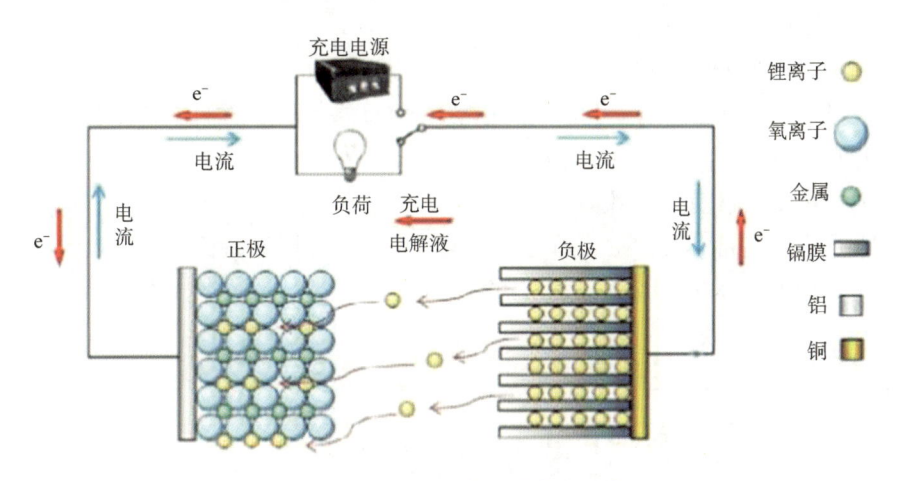

图 3-16　锂离子电池放电过程中

3.2.3　锂离子电池与锂电池

锂离子电池是在锂电池的基础上发展起来的先进电池,如图 3-17 所示,锂电池的安全性较差,充放电寿命较短,而锂离子电池则基本解决了这两大难题。

电池由正极、电解液和负极构成,而锂离子电池与锂电池的正极和电解液都相同,都采用了一种能使锂离子嵌入和脱嵌的金属氧化物或硫化物作为正极,采用无机盐体系作为电解质,但它们的负极则不同,锂离子电池采用使锂离子嵌入和脱嵌的碳材料作为负极,而锂电池则采用纯锂作为负极。

因此,锂离子电池的工作原理更加简单,在电池工作过程中,仅仅是锂离子从一个电极(脱嵌)后进入另一个电极(嵌入)的过程。具体来说,当电池充电时锂离子是从正极中脱嵌,在碳负极中嵌入,放电时反之。因此,在充放电过程中锂离子电池(如图 3-17)没有外形变化，对负极材料没有影响，故具有较好的安全性和较长的充放电寿命。

图 3-17　锂电池组

3.2.4　锂离子电池的特点

锂离子电池具有如下特点：

（1）锂离子电池能量密度大，平均输出电压高。锂离子单体电池的额定电压为 3.6 V（少数是 3.7 V），而内燃机汽车上常用的铅酸电池的单体电池的额定电压只有 2 V，这也是锂离子电池使用较为广泛的主要原因。

（2）自放电小，没有记忆效应。

（3）循环性能优越，可快速充放电，充电效率高，使用寿命长。

（4）工作温度范围相对较宽，为 $-20\ ℃ \sim 60\ ℃$。

3.3　动力电池管理系统

现在新能源汽车多采用锂离子电池，但锂离子电池对工作温度、安全防护等要求极高，如最适宜的工作温度为 $10\ ℃ \sim 30\ ℃$，过高或过低的温度都会对电池寿命和性能产生影响。因此，必须为电池配备一套先进的管理系统，即电池管理系统（Battery Management System，BMS）。

电池管理系统的主要任务是保证电池组一直处于正常、安全的工作状态，在电池状态出现异常时及时响应处理，并根据车辆行驶状态、环境温度和电池状态等决定电池的充放电功率。电池管理系统包括众多传感器（电流、电压和温度）和中央控制单元。在电池管理系统中，电池热管理系统最为重要，为此要在电池组合中设置独立的液体冷却系统，以保证电池处于正常的工作温度中，并且保证各单体电池处于基本相同的工作温度下。

3.4 动力电池冷却系统

新能源汽车动力电池作为汽车的动力源，其充电、放电的发热会一直存在。动力电池的性能和电池温度密切相关。为了尽可能延长动力电池的使用寿命并获得最大功率，需在规定温度范围内使用蓄电池。原则上在-40 ℃~55 ℃（实际电池温度）动力电池单元处于可运行状态。因此目前新能源的动力电池单元都装有冷却装置。动力电池冷却系统有空调循环冷却式、水冷式和风冷式。

3.4.1 空调循环冷却式

在高端电动汽车中动力电池内部有与空调系统连通的制冷剂循环回路。BMWX1xDrive 525Le（F49PHEV）插电式混动车型动力电池冷却系统如图 3-18 所示。

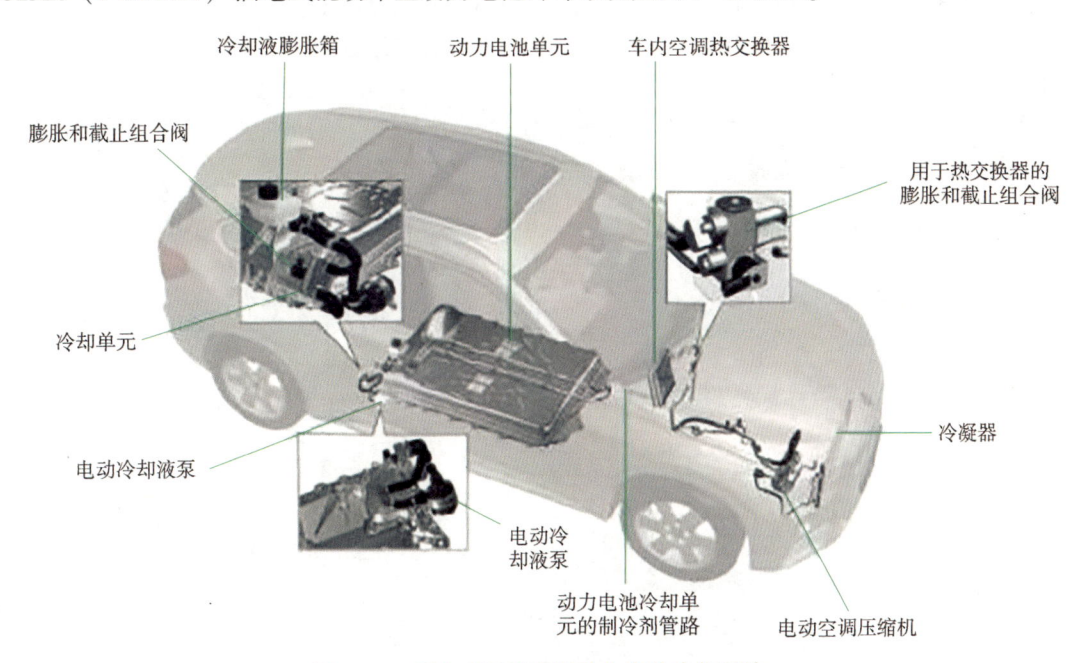

图 3-18 插电式混动车型动力电池冷却系统

动力电池单元直接通过冷却液进行冷却，冷却液循环回路与制冷剂循环回路通过冷却液制冷剂热交换器（即冷却单元）连接。因此，空调系统制冷剂循环回路由两个并联支路构成。一个用于冷却车内空间，一个用于冷却动力电池单元。两个支路各有一个膨胀和截止组合阀，两个相互独立的冷却系统如图 3-19 所示。

冷却工作原理为电动冷却液泵通过冷却液循环回路输送冷却液。只要冷却液的温度低于电池模块，仅利用冷却液的循环流动便可冷却电池模块。冷却液温度上升，不足以使电池模块的温度保持在预期范围内。

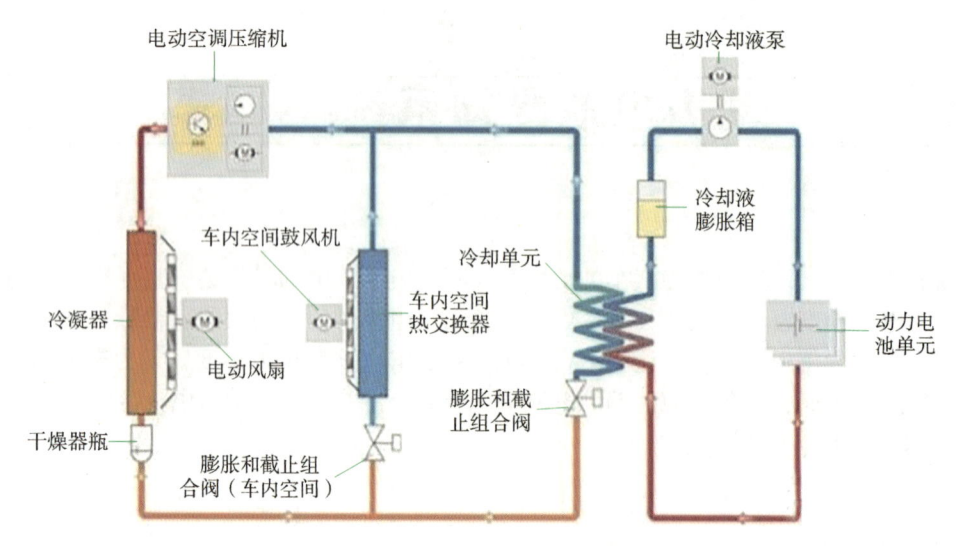

图 3-19　两个相互独立的冷却系统

因此必须要降低冷却液的温度，需借助冷却液制冷剂热交换器（即冷却单元）。这是介于动力电池冷却液循环回路与空调系统制冷剂循环回路之间的接口。

如果冷却单元上的膨胀和截止组合阀使用电气方式启用并打开，液态制冷剂将流入冷却单元并蒸发。这样可吸收环境空气热量，因此也是一种流经冷却液循环回路的冷却液。电动空调压缩机（EKK）再次压缩制冷剂并输送至电容器，制冷剂在此重新变为液体状态。因此制冷剂可再次吸收热量，如图 3-20 所示。

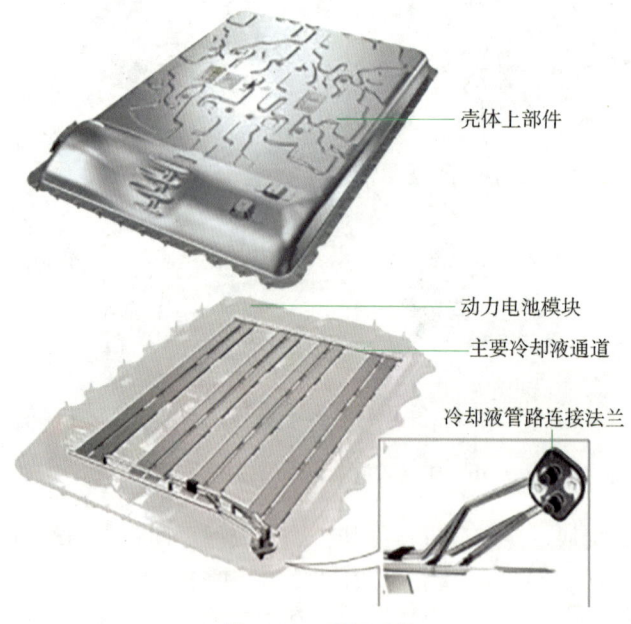

图 3-20　冷却系统

为了确保冷却液通道排出电池模块热量，必须以均匀分布的作用力将冷却通道整个平面压到电池模块上。通过嵌入冷却液通道的弹簧条产生该压紧力。针对电池模块几何形状和下半部分壳体对弹簧条进行了相应调节。

热交换器的弹簧条支撑在高压蓄电池单元的壳体下部件上,从而将冷却液通道压到电池模块上,如图 3-21 所示。

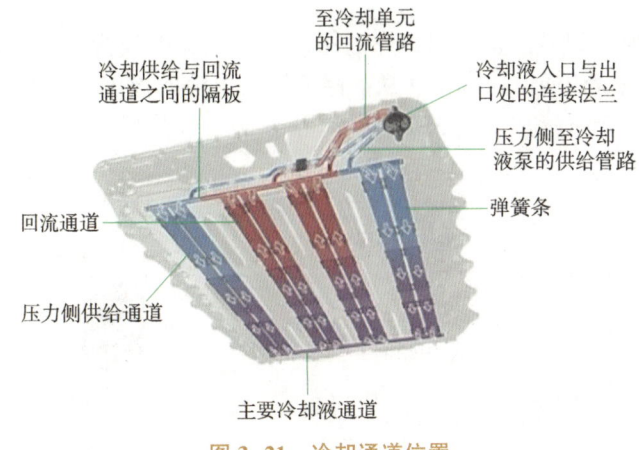

图 3-21 冷却通道位置

动力电池单元冷却液循环回路内的电动冷却液泵额定功率为 50 W。电动冷却液泵利用冷却单元上的支架固定,安装于动力电池的右后角,如图 3-22 所示。

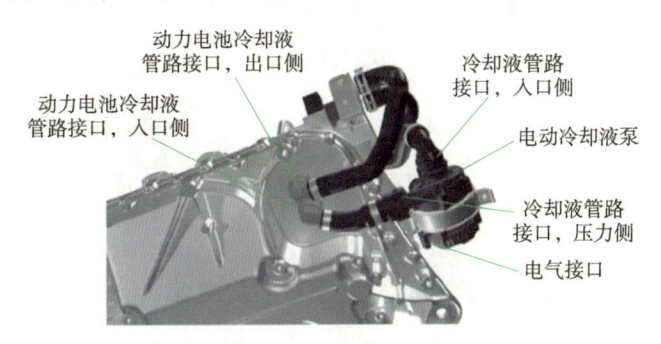

图 3-22 动力电池冷却回路

冷却液膨胀箱和冷却液管路如图 3-23 所示。

图 3-23 冷却液膨胀箱和冷却液管路

3.4.2 水冷式

水冷式动力电池冷却系统是使用特殊的冷却液在动力电池内部的冷却液管路中流动，将动力电池产生的热量传递给冷却液，从而降低动力电池的温度。下面以荣威电动汽车为例介绍动力水冷式冷却系统，如图3-24所示。

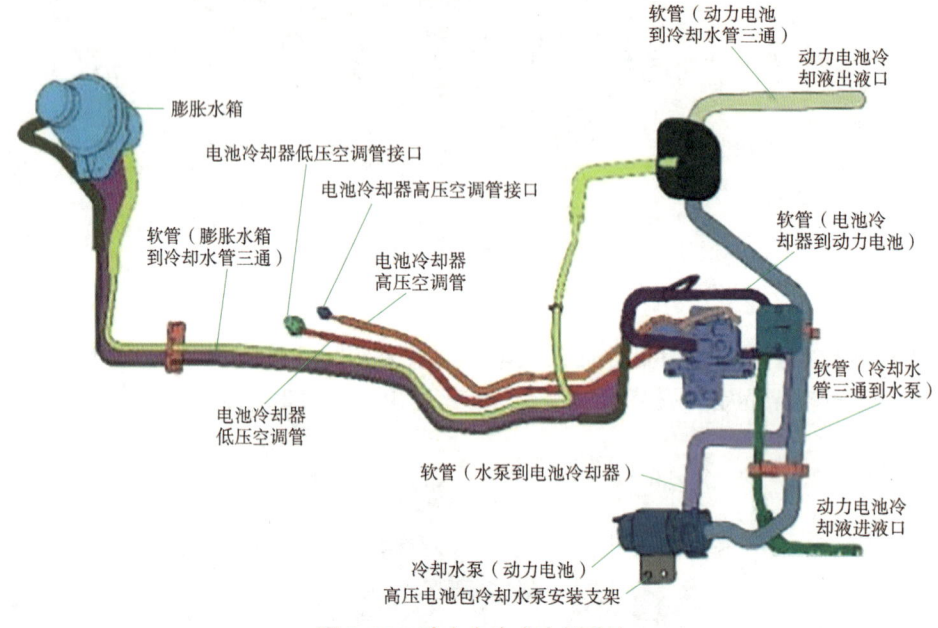

图3-24 动力水冷式冷却系统

荣威E50冷却系统分为两个独立的系统，分别是逆变器（PEB）/电动机冷却系统、高压电池包冷却系统（ESS）。

荣威E50动力电池冷却系统结构主要有膨胀水箱、软管、冷却水泵、电池冷却器等组成。

冷却系统利用热传导的原理，通过冷却液在各个独立的冷却系统回路中循环，使电动机、逆变器（PEB）和动力电池包保持在最佳的工作温度。冷却液是50%的水和50%的有机酸技术（OAT）的混合物。冷却液要定期更换才能保持其最佳效率和耐腐蚀性。

1. 膨胀水箱

膨胀水箱装有泄压阀，安装在逆变器（PEB）托盘上，溢流管连接到电池冷却器的出液管上，出液管连接在冷却水管三通上。膨胀水箱外部带有"MAX"和"MIN"刻度标识，便于观察冷却液液位。

2. 软管

橡胶冷却液软管在各组件间传送冷却液，弹簧卡箍将软管固定到各组件上。动力电池冷却系统（ESS）软管布置在前舱内和后地板总成下。

3. 冷却水泵

动力电池冷却系统冷却液泵通过安装支架，并由两个螺栓固定在车身底盘上，经由其运转来循环高压电池包冷却系统。

4. 电池冷却器

电池冷却器（Chiller）是动力电池冷却系统的一个关键部件，它负责将动力电池维持在一个适当的工作温度，使动力电池的放电性能处于最佳状态。电池冷却器（Chiller）主要由热交换器、带电磁阀的膨胀阀（TXV）、管路接口和支架组成。热交换器主要用于动力电池冷却液和制冷系统的制冷剂的热交换，将动力电池冷却液中的热量转移到制冷剂中。动力电池冷却系统冷却液循环如图 3-25 所示。

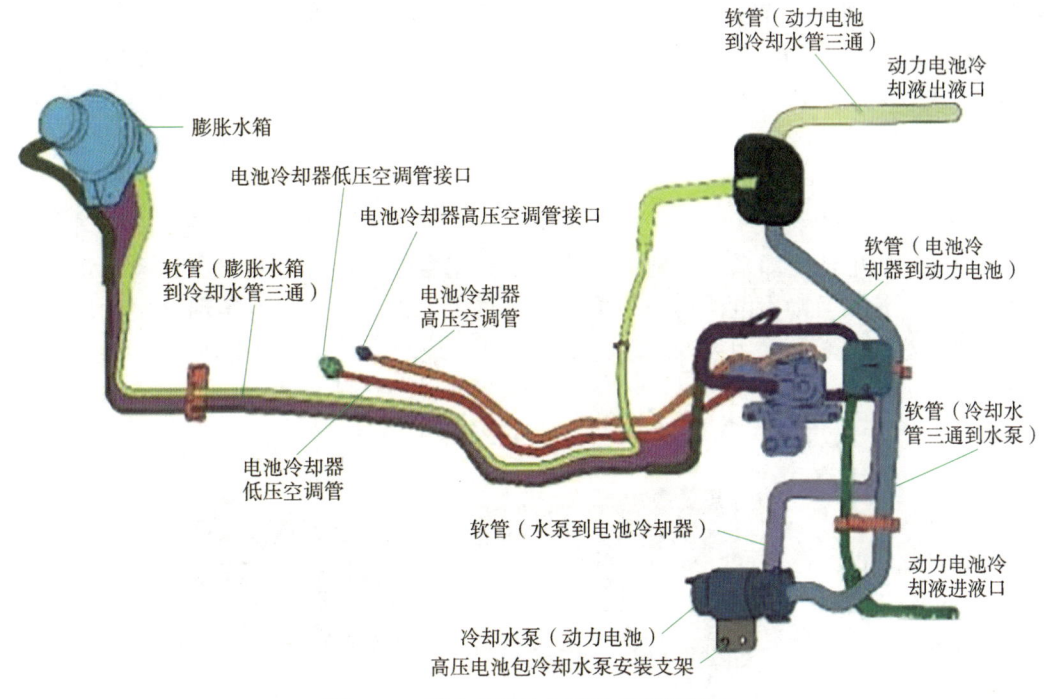

图 3-25　动力电池冷却系统冷却液循环

系统控制原理图如图 3-26 所示。

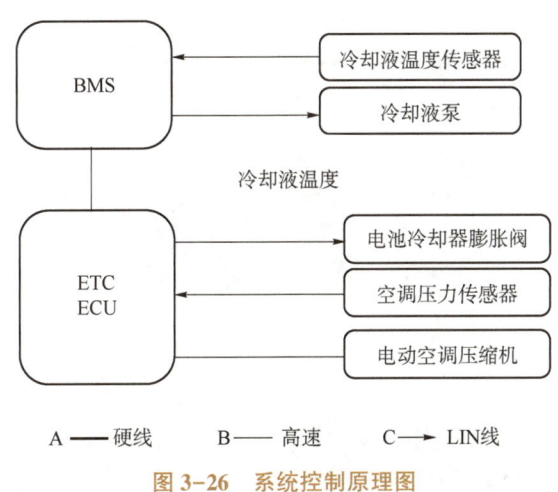

图 3-26　系统控制原理图

如图 3-25、图 3-26 所示，BMS 负责控制电动水泵，电动水泵会在高压电池包温度上升到 32.5℃时开启，在温度低于 27.5℃时关闭，BMS 发出要求电池冷却器膨胀阀关闭和水泵运转的信号。

ETC 收到来自 BMS 膨胀阀的电磁阀开启的信号要求，ETC 首先打开电池冷却器（CHILLER）膨胀阀的电磁阀，并给 EAC 发出启动信号。高压电池组最适宜的温度值为 20℃~30℃。

正常工作时，当高压电池组的冷却液温度在 30℃以上时，ETC 会限制乘客舱制冷量，冷却液温度在 48℃以上，ETC 会关闭乘客舱制冷功能，但除霜模式除外。ETC 只控制冷却液温度。BMS 控制冷却液与 BMS 高压电池包内部的热量交换。

当车辆进入快速充电模式时，ETC 会被网关模块唤醒，此时高压电池包冷却系统进入正常工作状态。

3.4.3 风冷式

风冷式动力电池冷却系统是利用散热风扇将来自车厢内部的空气吸入动力电池箱，以冷却动力电池以及动力电池的控制单元等部件。丰田普锐斯、凯美瑞（混动版）、卡罗拉双擎、雷凌双擎，采用风冷式动力电池冷却系统。风冷式动力电池冷却系统的部件组成和原理如图 3-27 所示。

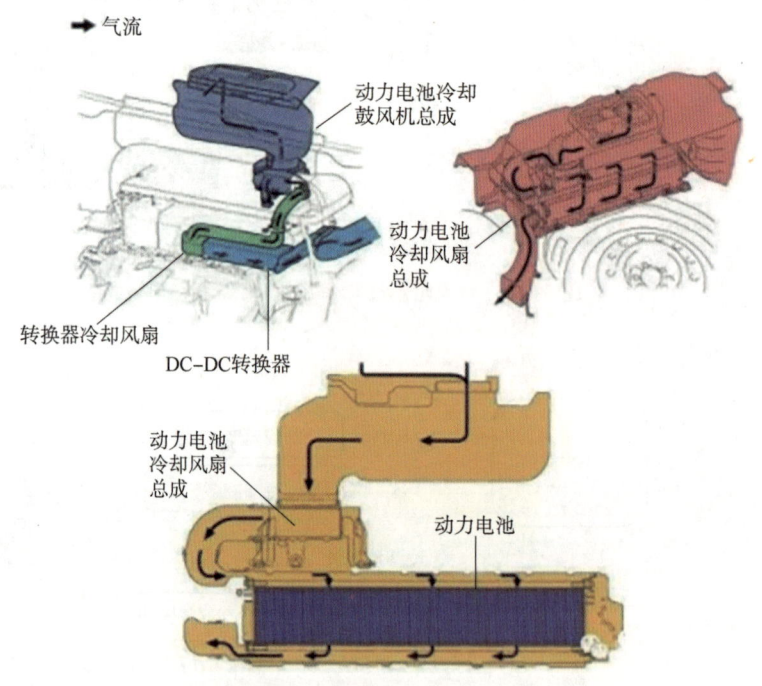

图 3-27 风冷式动力电池冷却系统的部件组成和原理

车厢内部的空气通过位于后窗台装饰板上的进气管流入，向下流经动力电池或 DC-DC 转换器，以降低动力电池和 DC-DC 转换器的温度。空气通过排气管从车内排出。

广汽传祺 AG 电动汽车同样采用风冷式动力电池冷却系统，其动力电池散热系统如

图 3-28 所示。

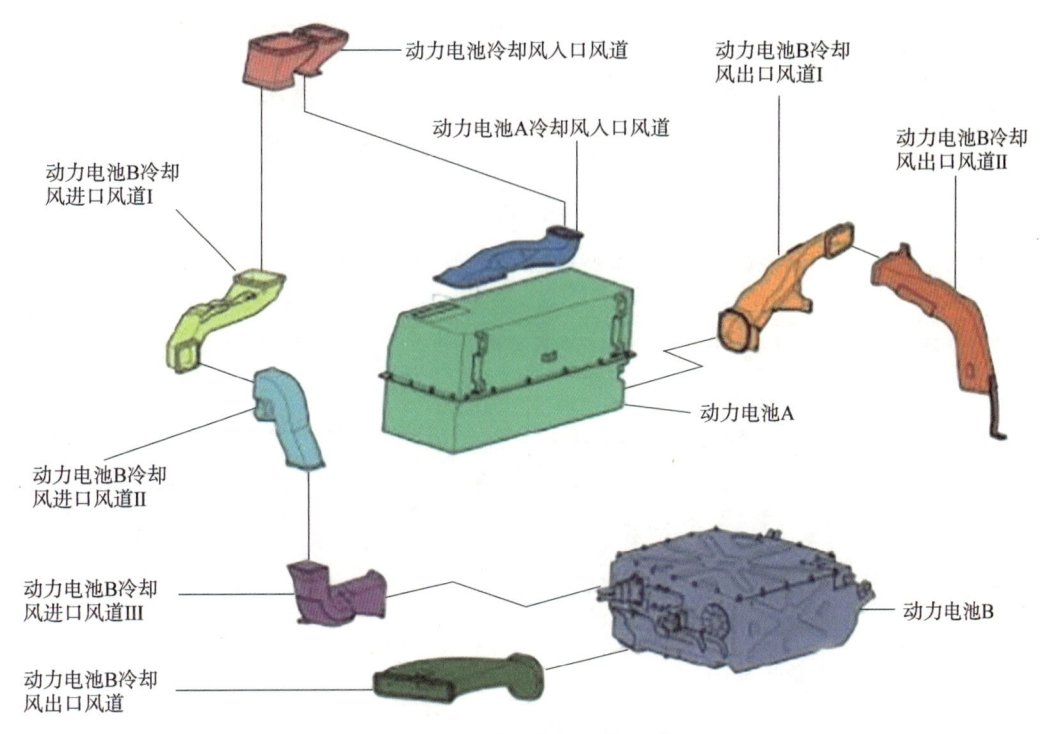

图 3-28 动力电池散热系统

标注：动力电池冷却风入口风道、动力电池A冷却风入口风道、动力电池B冷却风出口风道Ⅰ、动力电池B冷却风出口风道Ⅱ、动力电池B冷却风进口风道Ⅰ、动力电池B冷却风进口风道Ⅱ、动力电池B冷却风进口风道Ⅲ、动力电池B冷却风出口风道、动力电池A、动力电池B

车厢内部的空气通过位于后窗台装饰板上的进气管流入，向下流经动力电池，以降低动力电池温度，然后经过BMS、总正负继电器等电器元件，降低自身温度后，通过排气管将空气排出车内。

散热风扇为直流低电压风扇，配备独立的DC-DC转换器；当散热风扇工作时，电流从动力电池流出经过DC-DC转换器将350 V直流高电压转换成12~16 V的直流低电压，提供给散热风扇。动力电池A和动力电池B的冷却示意图如图3-29所示。

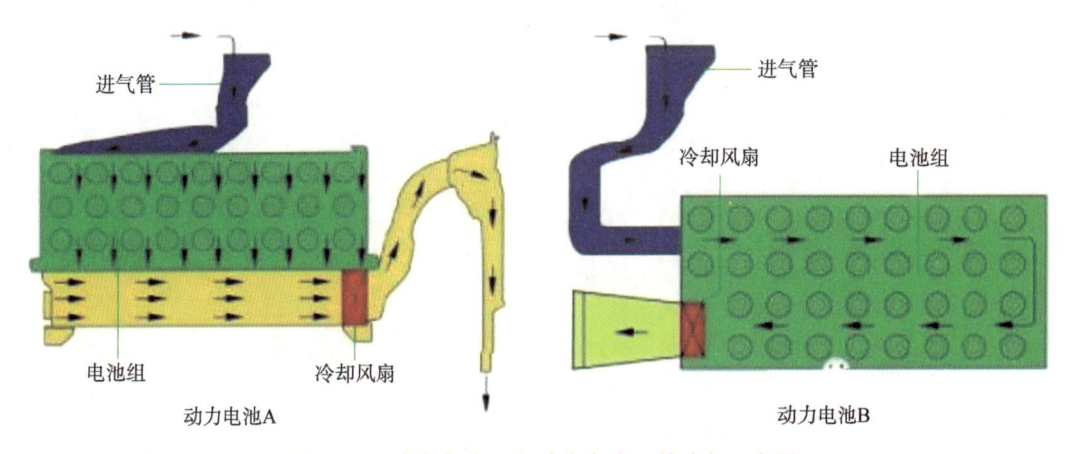

图 3-29 动力电池 A 和动力电池 B 的冷却示意图

动力电池A、B冷却路径：车厢内部的空气通过位于后窗台装饰板上的进气管流入，向下流经动力电池，以降低动力电池的温度，然后经过 BMS 和总正负继电器等，降低电器元件的温度后，空气被冷却风扇抽出并通过排气管从车内排出。

任务工单

学生姓名		组别		实训成绩	
任务描述	在售新能源汽车配备锂电池指标对比					
学习目标	通过本任务的学习，能够对新能源汽车动力电池有一个初步的了解，能够掌握纯电动汽车动力电池指标				
仪器设备	比亚迪秦、比亚迪 E5、吉利帝豪纯电动实训教学车辆、座椅三件套、翼子板布				

类型	重量能量密度	电池单体标称电压	安全性	理论循环使用寿命	商品化程度	代表车型	类型

课后习题

一、填空题

1. 电池从广义上讲主要可以分为_____、_____、_____三大类。
2. 应用历史最长，技术最为成熟的电池是_____。
3. 铅酸蓄电池的缺点是_____、_____。
4. 镍氢蓄电池具有良好的_____、_____。

5. 三元锂电池的优点是_____，缺点是_____。
6. 燃料电池系统的电能转换效率在_____，火力发电和核电的效率大约为_____。

二、选择题

1. 不属于锂离子电池负极材料的是（　　）。
   A. 天然石展　　　　　　B. 人工石服
   C. 硅基　　　　　　　　D. 焦炭
2. 不属于石墨性能特点的是（　　）。
   A. 有耐高温　　　　　　B. 易氧化
   C. 抗腐蚀　　　　　　　D. 韧性好
3. 下列不属于锂离子正极材料要求的是（　　）。
   A. 有较高的氧化还原电位，从而使电池具有较高的输出电压
   B. 氧化还原电位变化小，以保证电池平稳地充电和放电
   C. 正极材料与电解质等发生化学反应，化学性质不稳定
   D. 价格便宜，对环境无污染
4. 下列不属于镍氢电池负极材料要求的是（　　）。
   A. 合金的储氢容量高　　B. 有良好的电催化活性
   C. 充放电效率高　　　　D. 电和热的传导性较低
5. 下列对镍氢电池的缺点表述错误是的（　　）。
   A. 自放电损耗较低
   B. 对温度敏感，温度对放电电压和容量有较大影响
   C. 成本较高，是铅酸电池价格的5倍以上
   D. 单体电池电压较低，为1.2 V

三、问答题

1. 简述锂离子电池的工作原理。
2. 简述锂离子电池的组成及相应材料。
3. 锂离子电池的特点是什么？
4. 镍氢电池的特点有哪些？

项目 4

纯电动汽车

学习目标

1. 能够说出几款主流纯电动汽车
2. 能够识别纯电动汽车的结构
3. 能够简述纯电动汽车的工作原理

能力目标

1. 能够简述纯电动汽车的工作原理
2. 能够简述与传统内燃机汽车相比，纯电动汽车的优势和劣势
3. 能够简述纯电动汽车的功能

素质目标

1. 具有法律意识、环保意识、安全意识
2. 具有严谨、规范、精益求精的大国工匠精神
3. 具有正确的劳动态度以及爱岗敬业、吃苦耐劳的精神
4. 努力学习一技之长，树立报效祖国和社会的远大志向

课时

8 课时

4.1 纯电动汽车的定义和类型

纯电动汽车是指以车载电源为动力、用电动机驱动车轮行驶、符合道路交通和安全法规要求的车辆,一般采用高效率充电蓄电池为动力源。纯电动汽车不需要再用内燃机,因此,纯电动汽车的电动机相当于传统汽车的发动机,蓄电池相当于传统汽车的油箱,电能来自风能、水能、热能以及太阳能等多种方式。

纯电动汽车可分为两种类型,纯蓄电池作为动力源的纯电动汽车和装有辅助动力源的纯电动汽车。

4.1.1 纯蓄电池作为动力源的纯电动汽车

用单一蓄电池作为动力源的纯电动汽车,只装配了蓄电池组,它的电力和动力传输系统如图4-1所示。

视频:纯电动汽车与传统汽车的区别

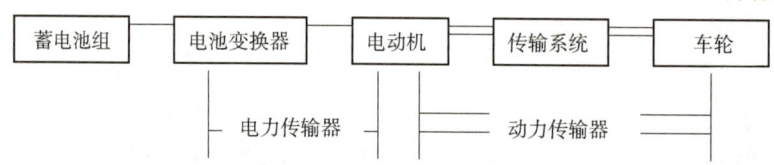

图4-1 用单一蓄电池作为动力源的纯电动汽车的电力和动力传输系统

4.1.2 装有辅助动力源的纯电动汽车

用单一蓄电池作为动力源的纯电动汽车,蓄电池的比能量和比功率低,蓄电池组的质量和体积较大。因此,会在某些纯电动汽车上增加辅助动力源,如超级电容器、发电机组、太阳能等,由此改善纯电动汽车的起动性能和增加续驶里程。装有辅助动力源的纯电动汽车的电力和动力传输系统如图4-2所示。

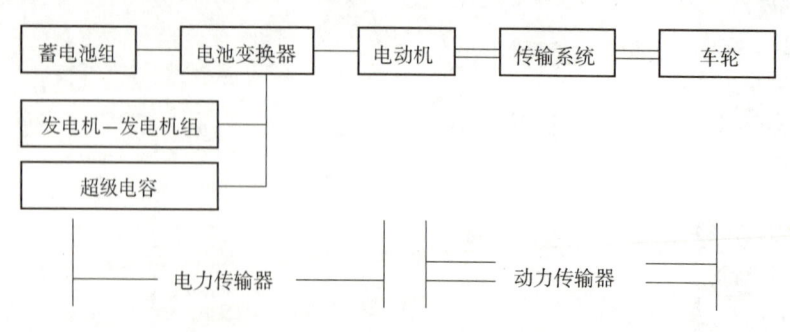

图4-2 装有辅助动力源的纯电动汽车的电力和动力传输系统

4.2　纯电动汽车的构造

与内燃机汽车相比，纯电动汽车的结构比较简单，取消了发动机，增加了电力驱动控制系统。纯电动汽车主要由电动机、控制器和动力电池三大部分组成，如图4-3所示。当汽车行驶时，由动力电池输出电能（电流）通过控制器电动机运转，电动机输出的扭矩经传动系统带动车轮前进或后退。电动汽车续驶里程与蓄电池容量有关，蓄电池容量受诸多因素限制。要提高一次充电续驶里程，必须尽可能地节省蓄电池的能量。

视频：纯电动汽车的基本组成及发展

图4-3　纯电动汽车构造示意图

纯电动汽车系统可分为三个子系统：电力驱动系统、车载能源系统和辅助系统。

（1）电力驱动系统

电力驱动系统主要由整车控制器（Vehicle Control Unit，VCU）、电动机控制器（Motor Control Unit，MCU）、电动机和机械传动装置等构成。电动机替代了内燃机汽车的发动机，作为纯电动汽车的动力系统，其功用是将存储在动力电池中的电能高效地转化为车轮的动能，并能够在汽车减速制动时，将车轮的动能转化为电能充入动力电池。

电动机控制器中的整车控制器根据加速踏板和制动踏板的输入信号，向电动机控制器发出相应的控制指令，对电动机进行起动、加速、减速、制动控制。

电动机中的电动机控制器是按整车控制单元的指令、电动机的速度和电流反馈信号，对电动机的速度、驱动扭矩和旋转方向进行控制。电动机控制器和电动机配套使用。

新能源汽车概述

电动机在电动汽车中被要求承担电动和发电的双重功能,即在正常行驶时发挥其主要的电动机功能,将电能转化为机械能;在减速和下坡滑行时被要求通过能量回收进行发电,将车轮的惯性动能转化为电能。纯电动汽车中使用的永磁同步电动机如图4-4所示。

图4-4 永磁同步电动机

机械传动装置将电动机的驱动扭矩传输给汽车的驱动轴,从而带动汽车车轮行驶。由于电动机本身具有较好的调速特性,其变速机构被大大地简化。同时,电动机可带负载直接起动,省去了内燃机汽车的离合器。电动机可以实现正反向旋转,无须通过变速器中的倒挡齿轮组来实现倒车。电动汽车的二级减速器如图4-5所示。

图4-5 电动汽车的二级减速器

(2) 车载能源系统

车载能源系统主要由动力电池、电池管理系统和充电系统等组成。它的功用是向电动机提供驱动电能、监测电源使用情况以及控制车载充电机向动力蓄电池充电。动力电池替代内燃机汽车的油箱,提供驱动电能,相比油箱来说,动力电池的体积和质量都增大很多。动力蓄电池在车上的位置如图4-6所示。

图4-6 动力蓄电池在车上的位置

纯电动汽车常用的蓄电池电源有铅酸电池、镍镉电池、镍氢电池和锂离子电池等。

电池管理系统的主要功用是对电动汽车的电池单体及整组进行实时监控、充放电、巡检和温度检测等。

充电系统将交流电转换为电动汽车动力电池充电所需的高压直流电,它包括快速充电系统(快充)与慢速充电系统(慢充)。快速充电系统将充电桩输出的高压直流电经过快充接口、高压控制盒连接到动力蓄电池,为动力蓄电池提供充电所必需的高压直流电;慢速充电系统是将交流充电桩输出的220 V交流电经过车载充电机整流、滤波和升压变成高压直流电后再通过高压控制盒连接到动力电池,北汽EV200的快充与慢充接口如图4-7所示。

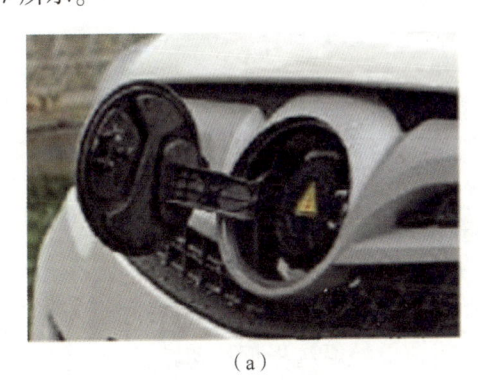

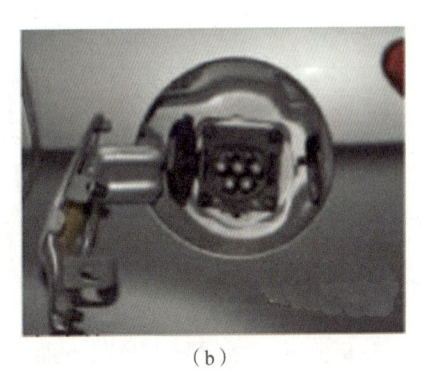

(a)　　　　　　　　　(b)

图4-7　北汽EV 200充电接口
(a)快充接口;(b)慢充接口

无论快速充电系统还是慢速充电系统,均能依据电池管理系统提供的数据,动态调节充电电流、电压等参数,执行相应的动作,完成充电过程。

(3) 辅助系统

辅助系统主要包括辅助动力源、动力转向系统、驾驶室显示操纵台和辅助装置等。

辅助动力源由辅助电源和DC/DC功率转换器组成,一般为12 V或24 V的直流低压电源,其功用是供给电动汽车各种辅助装置所需要的动力电源,它主要给动力转向单元、制动力调节控制、照明、空调、电动窗门等各种辅助装置提供所需的电能。

动力转向系统是为实现汽车的转弯而设置的,它由转向盘、转向器、转向机构和转向轮等组成,作用在转向盘上的控制力,通过转向器和转向机构使转向轮偏转一定的角度,以实现汽车的转向。

驾驶室显示操纵台类似于传统汽车驾驶室的仪表板,不过其功能根据电动汽车驱动的控制特点有所增减,其信息指示更多地选用数字或液晶屏幕显示。

辅助装置主要由照明和除霜装置、各种声光信号装置、车载音箱设备、空调、刮水器、风窗除霜清洗器、电动门窗、电动玻璃升降器、电控后视镜调节器、电动座椅调节器、车身安全防护装置控制器等组成。它们主要是为提高汽车的操纵性、舒适性、安全性而设置的,可根据需要进行选用。

以制动系统为例,在传统汽车上,制动系统真空助力器所需要的真空度来自发动机进气管,这在电动车上无法实现,因此需要配备电动真空泵。北汽EV200电动真空助力系统示意图如图4-8所示,它布置在左侧纵梁内侧,散热器后方,固定在集成层支架上。

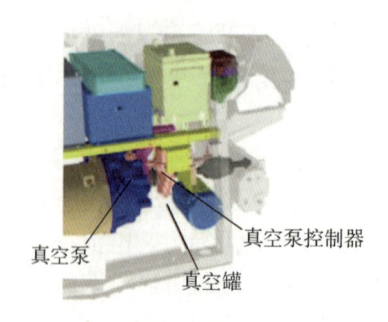

图 4-8 北汽 EV200 电动真空助力系统示意图

4.3　纯电动汽车的能量传递

4.3.1　驱动能量传递

如图 4-9 所示，当驾驶人员踩下加速踏板时，电控系统根据加速踏板位移传感器的信息，发出接通电动机电源的指令，起动电动机。电动机一开始旋转就输出最大扭矩，并迅速通过减速机构、差速器、半轴等将动力传递到驱动轮上，车轮开始旋转，汽车前进。当驾驶人员抬起加速踏板时，电控系统根据加速踏板位移传感器的信息，调节电动机的转速，进而使驱动轮的转速也降低，最终使电动汽车的速度下降。

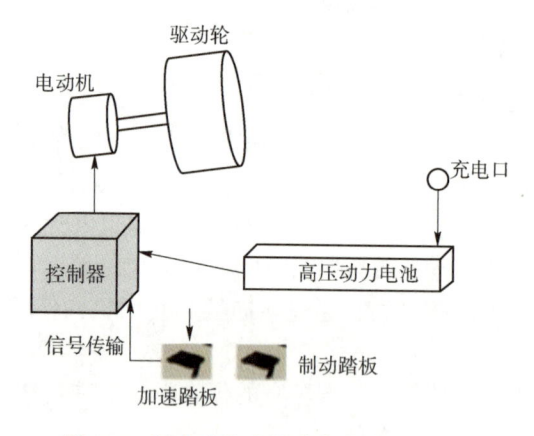

图 4-9　纯电动汽车驱动能量传递示意图

4.3.2　回收能量传递

纯电动汽车配有能量回收系统，它可以将汽车的制动力和惯性力转换为电力，继续作为驱动汽车的动力。当驾驶人员抬起加速踏板时，动力电池停止向电动机供电，但此时车辆并不能马上停下来，而是在惯性力的作用下继续前进，这时车轮反过来拖动电动机运转,使电动机在车轮的带动下旋转,从而进入发电状态,产生交流电,经逆变器整流后转换为直流电,并通过供电线路将电量存储于动力电池中,如图4-10所示。

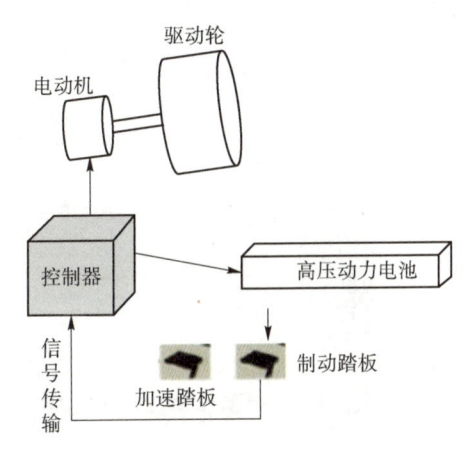

图 4-10 纯电动汽车回收能量传递示意图

4.3.3 纯电动汽车空调系统能量传递

纯电动汽车也装有空调系统,与传统汽车不同的是,纯电动汽车上的空调压缩机不是由发动机驱动的,而是采用一体式的电动压缩机,直接由动力电池的直流电驱动。冷热型空调系统工作原理如图4-11所示。

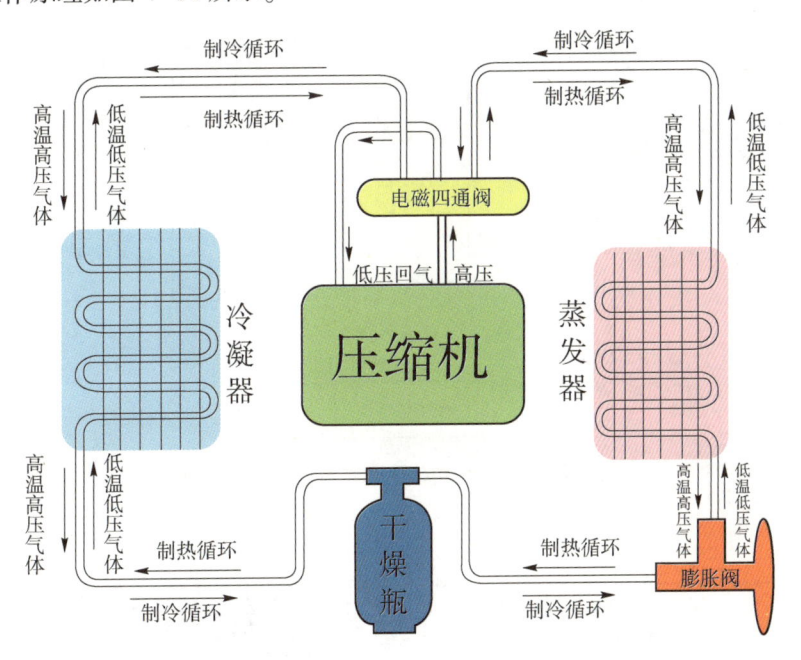

图 4-11 纯电动汽车冷热型空调系统工作原理

在制冷方面,纯电动汽车与内燃机汽车原理相同,压缩机将气态的制冷剂从蒸发器中抽出,并将其压入冷凝器,然后高压液态的制冷剂经膨胀阀的节流作用而降压,低压液态制冷剂在蒸发器中气化而进行热交换，蒸发器附近被冷却了的空气通过鼓风机吹入车厢。气态制冷剂又被压缩机抽走进入下一个循环。

　　纯电动汽车制暖的方式有两种，一种是采用（Positive Temperature Coefficient，PTC）空气加热器直接加热空气，取代了传统车上的暖风芯体，如图4-12所示。冷空气直接流经加热器表面，加热后送入车内。这种方案成本比较低，但由于PTC直接接入乘员舱内，存在一定的安全风险。此外，加热器表面温度比较高，容易将周边塑料烤热发出异味。

图4-12　PTC空气加热器

　　第二种方案是采用PTC水加热器间接加热空气。保留传统空调的暖风芯体，外接一套PTC加热循环回路。PTC先把水加热，热水流入暖风芯体与冷空气换热，冷空气被加热后送入乘员舱内。整套回路布置于前舱内，避免了将高压电接入乘员舱内的安全隐患。加热后的水温不会烤热塑料而发出异味。但这套系统增加了PTC、水泵、管路等零部件，成本较高。纯电动汽车空调系统制热工作原理如图4-13所示。

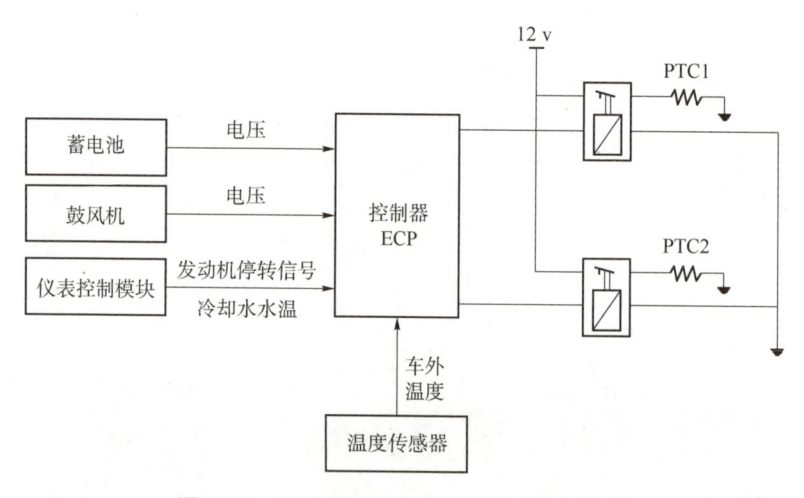

图4-13　纯电动汽车空调系统制热工作原理

4.4　纯电动汽车驱动系统布置形式

　　驱动系统是电动汽车的核心部分，其性能决定着电动汽车运行性能的好坏。电动汽车的驱动系统布置取决于电动机驱动系统的方式，可以有多种类型。常见的纯电动汽车驱动系统布置形式如图4-14所示。

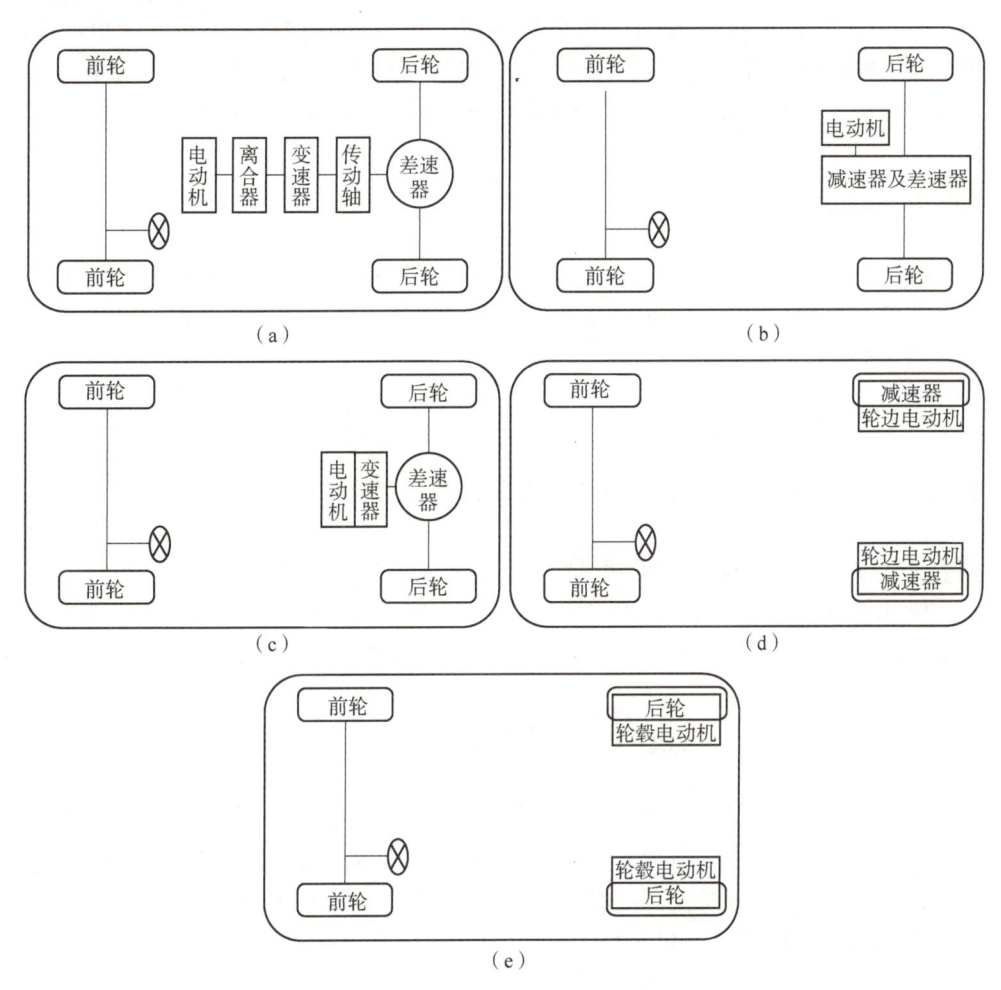

图4-14 常见的纯电动汽车驱动系统布置形式
（a）传统后驱动布置形式；（b）电动机——驱动桥组合后驱动布置形式；（c）电动机——驱动桥整体式驱动模式；
（d）轮边电动机驱动布置形式；（e）轮毂电动机后驱动布置形式

4.4.1 传统后驱动布置形式

图4-14（a）所示的是传统后驱动布置形式，与传统内燃机汽车后轮驱动系统的布置方式基本一致，带有变速器、离合器和驱动轴，只是将发动机换成电动机。变速器通常有2~3个档位，可以提高电动汽车的起动扭矩，增加低速时电动汽车的后备功率。这种布置形式一般用于改造型电动汽车。

4.4.2 电动机——驱动桥组合后驱动布置形式

图4-14（b）所示的是电动机——驱动桥组合后驱动布置形式，这种布置形式取消了离合器、变速器和传动轴，但具有减速差速机构，把电动机、固定速比的减速器和差速器

集成为一个整体，通过两个半轴来驱动车轮。该布置形式的整个传动长度比较短，传动装置体积小，占用空间小，容易布置，可以进一步降低整车的重量；但对电动机的要求较高，不仅要求电动机具有较高的起动扭矩，而且要求电动机具有较大的后备功率，以保证电动汽车的起动、爬坡、加速超车等动力性。一般低速电动汽车采用这种布置形式。

4.4.3 电动机——驱动桥整体式驱动模式

图 4-14（c）所示的是电动机——驱动桥整体式驱动模式，相比单一的电动机驱动系统，一体化驱动系统可以综合协调控制电动机和变速器，最大限度地改善电动机的输出动力特性，增大电动机扭矩的输出范围，在提升电动汽车动力性的同时，使电动机最大限度地工作在高效经济区域内。变速器一般采用2档自动变速器。

4.4.4 轮边电动机驱动布置形式

图 4-14（d）所示的是轮边电动机驱动布置形式，轮边电动机与减速器集成后融入驱动桥上，采用刚性连接，减少高压电器数量和动力传输线路长度。优化后的驱动系统可以降低车身高度、提示承载量、提升有效空间。该驱动布置形式可以用于电动客车。

4.4.5 轮毂电动机后驱动布置形式

图 4-14（e）所示的是轮毂电动机后驱动布置形式，轮毂电动机直接安装在车轮上，此时，轮毂是电动机的转子，羊角轴承座是定子。该布置形式大大减少了零部件数量和动力系统的体积，让车辆的动力系统变得更加简单，大大提高了车内空间的实用性和利用率。

每个车轮独立的轮毂电动机相比于一般的电动汽车，省掉了传动半轴和差速器等装置，同样节省了大量空间且传动效率更高。将动力蓄电池放置在传统的发动机舱中，而将辅助蓄电池、电动机控制器、充电机等布置在车尾附近，根据实际需要，可以在车辆上灵活地布置电池组。

从另一个方面来看，在满足目前空间需求的前提下，使用轮毂电动机驱动的车辆在体积上可以变得更加小巧，这将改善城市中的拥堵和停车等问题。同时，独立的轮毂电动机在驱动车辆方面灵活性更高，能够实现传统车辆难以实现的功能或驾驶特性。

轮边电动机和轮毂电动机在原理上可以实现任何一种驱动形式，相对成本较高。

电动汽车的设计必须对蓄电池、电动机、变速器、减速器和控制系统等参数进行合理匹配，并且在总体布置中保证连接可靠、轴荷分配合理的条件下才能通过。

4.5 纯电动汽车的特点

与传统内燃机汽车相比，纯电动汽车具有以下特点：

1. 无污染、噪声低

纯电动汽车没有内燃机汽车工作时产生的废气，不产生排气污染，对环境保护和空气的洁净是十分有益的，有零污染的美称；电动汽车比内燃机汽车工作时产生的噪声低，电动机的噪声也比内燃机小。

2. 能源效率高、多样化

电动汽车的能源效率已经超过汽油机汽车，特别是在城市运行时，汽车走走停停、行驶速度不高，电动汽车更加适宜。电动汽车停止时不消耗电量，在制动过程中，电动机可以自动转化为发电机，实现制动减速时能量的再利用。

另一方面，电动汽车的应用可有效地减少对石油资源的依赖，将有限的石油用于更重要的地方。向蓄电池充电的电力可以由煤炭、天然气、水力、核能、太阳能、风力、潮汐等能源转化而来，除此之外，如果夜间向蓄电池充电，还可以避开用电高峰，有利于均衡电网负荷，减少费用。

3. 结构简单、使用和维修方便

电动汽车与内燃机汽车相比，结构简单，运转和传动部件少，维修保养工作量小。当采用交流感应电动机时，电动机不需要保养维护，更重要的是电动汽车易操纵。

4. 动力电源使用成本高、续驶里程短

除了上述 3 个优点外，电动汽车还面临自身的缺点，即电池寿命短、使用成本高，充电后续驶里程不理想，整车价格高等。但是随着电动汽车技术的进步，这些问题将逐步得到解决。

4.6 纯电动汽车的关键技术

发展纯电动汽车必须解决好 4 个方面的关键技术：电池及管理技术、电动机及控制技术、整车控制技术以及整车轻量化技术。

4.6.1 电池及管理技术

电池是电动汽车的动力源，也是一直制约电动汽车发展的关键因素。要使电动汽车有能力与内燃机汽车相竞争，关键是开发出比能量高、比功率大、使用寿命长、成本低的高效电池。目前，三元锂电池较理想的保有上述优点，使得其应用较为广泛。

电池组性能直接影响整车的加速性能、续驶里程以及制动能量回收的效率等。电池的成本和循环寿命直接影响车辆的成本和可靠性，因此，所有影响电池性能的参数必须得到优化。电动汽车的电池在使用中发热量很大，而电池温度会影响到电池的电化学系统的运

行、循环寿命和充电可接受性、功率和能量、安全性和可靠性等。所以，为了达到电池最佳的性能和寿命，需要将电池包的温度控制在一定范围内，减小包内不均匀的温度分布以避免模块间的不平衡，以此避免电池性能下降，还可以消除相关的潜在危险。

4.6.2 电动机及控制技术

电动汽车的电动机属于特种电动机，是电动汽车的关键部件。要使电动汽车有良好的使用性能，电动机应具有较宽的调速范围和较高的转速、足够的起动扭矩、体积小、质量轻、效率高等特点，而且有动态制动和能量回馈的性能。电动汽车所用的电动机正在向大功率、高转速、高效率和小型化方向发展。

随着电动机和驱动系统的发展，控制系统趋于智能化和数字化。结构控制、模糊控制、神经网络、自适应控制、专家系统、遗传算法等非线性智能控制技术，都将各自或结合应用于电动汽车的电动机控制系统中。他们的应用将使系统结构简单、响应迅速、抗干扰能力强，参数变化具有高效性，可大大提高整个系统的综合性能。

4.6.3 整车控制技术

新型纯电动汽车整车控制系统由网络结构的两条总线构成，即驱动系统的高速（Controller Area Network 控制器局域网）总线和车身系统的低速总线。高速 CAN 总线的每个节点为各自子系统的（Electric Control Unit 电子控制单元），低速总线按物理位置设置节点，基本原则是基于空间位置的区域自治。

实现整车网络化控制，其意义不只是解决汽车电子化中出现的路线复杂和线束增加问题，网络化所实现的通信和资源共享能力已经成为新的电子与计算机技术在汽车上应用的一个基础，同时也为 X-by-Wire 技术提供有力的支撑。

4.6.4 整车轻量化技术

整车轻量化技术始终是汽车技术重要的研究方向，纯电动汽车由于布置了电池组，整车质量增加较多，因此轻量化问题更加突出，可以采用以下措施减轻整车质量。

（1）通过对整车实际使用情况和使用要求的分析，对电池的电压和容量、电动机的功率、转速和扭矩以及整车性能等车辆参数进行整体优化，合理选择电池和电动机参数。

（2）通过结构化、集成化以及模块化优化的设计，减小动力总成和车载能源系统的质量。这里包括对电动机、驱动器、传动系统、冷却系统、空调和制动真空系统的集成和模块化设计，使系统得到优化；通过对电池、电池箱、电池管理系统、车载充电机组成的车载能源系统进行合理集成和分散，实现系统优化。

（3）积极采用轻质材料，如电池箱的结构框架、箱体封皮、轮毂等采用轻质合金材料。

（4）利用（Computer Aided Design 电脑辅助设计）技术对车身承载结构件（如前后桥、新增的边梁、横梁等）进行有限元分析研究，用计算和试验相结合的方式，实现结构最优化。

4.7 各品牌纯电动汽车

4.7.1 特斯拉 Model S 纯电动汽车

特斯拉 Model S 纯电动汽车具有优异的性能表现，其外观和内饰如图 4-15 所示。特斯拉 Model S 纯电动汽车，共有 6 款动力配置，续驶里程分别为260 km（已停售）、480 km、490 km、557 km、613 km 和 632 km。

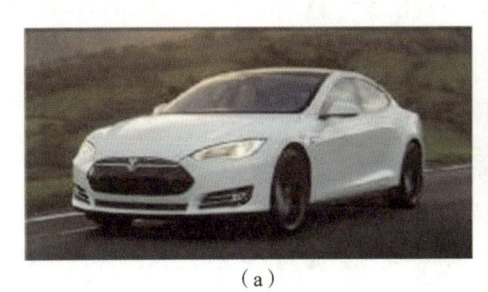

图 4-15　特斯拉 Modle S 纯电动汽车
（a）外观；（b）内饰

特斯拉 Model S 纯电动汽车电池组享有长达 8 年或 16 万 km 免费保修政策。如果采用特斯拉超级充电方式，即使是最高配车型也能在大约半小时内补充50%的电能，基本可以满足长途旅行的需要——慢悠悠吃一顿午饭，车子就充好电了。当然快速充电对电池有一定的损耗，采用普通充电模式 5~8 h 可以充满。特斯拉 Model S 纯电动汽车基础型号的"发电油耗"仅为 2.64 L/100 km，也就是说，一般火电厂用等同于 2.64 L 的化石燃料所发出的电能足够特斯拉 Model S 纯电动汽车行驶 100 km，其能耗远低于同级别内燃机汽车，其技术参数如表 4-1 所示。

表 4-1　特斯拉 Modle S 纯电动汽车技术参数

内容	参数
电动机技术	交流异步电动机、总功率284.8 kW、电动机总扭矩440 N·m
电池技术	锂离子电池、电池容量 75 kW·h、续驶里程 480 km
性能	最高车速 225 km/h、百公里加速时间 5.8 s
充电时间	快充 4.5 h、慢充 10.5 h

4.7.2 宝马 i3 纯电动汽车

宝马 i3 纯电动汽车采用了先进的电力驱动系统，该系统与宝马 1 系 Active-e 的全电力驱动系统十分相似，其动力来自位于后轴的电动机，最大输出功率为 125 kW，峰值扭矩为 250 N·m。其动力电池组支持快速充电模式，完成充电 80% 仅需要 1 h 左右。宝马 i3 纯电动汽车的外观和内饰如图 4-16 所示，其技术参数如表 4-2 所示。

图 4-16 宝马 i3 纯电动汽车
(a) 外观；(b) 内饰

表 4-2 宝马 i3 2017 款豪华型纯电动汽车技术参数

内容	参数
电动机技术	总功率 125 kW、电动机总扭矩 250 N·m
电池技术	锂离子电池、电池容量 33 kW·h、续驶里程 245 km
性能	最高车速 150 km/h、百公里加速时间 7.9 s
充电时间	快充 1 h、慢充 5.5 h

4.7.3 奥迪 R8 e-tron 纯电动汽车

最新款奥迪 R8 e-tron 纯电动汽车（其外观及内饰如图 4-17 所示）最大的特点是采用两台电动机分别驱动左后轮和右后轮，其最大功率高达 340 kW，峰值扭矩为 920 N·m，百公里加速时间为 3.9 s，最高车速被限制在 250 km/h，92 kW·h 的锂离子电池组安装在中央通道下和座椅后，最大续驶里程为 450 km，使用快充方式可以在 2 h 内充满电，其技术参数如表 4-3 所示。

图 4-17 奥迪 R8 e-tron
(a) 外观；(b) 内饰

表 4-3　奥迪 R8 e-tron 纯电动汽车技术参数

内容	参数
电动机技术	总功率 340 kW、电动机总扭矩 920 N·m
电池技术	锂离子电池、电池容量 92 kW·h、续驶里程 450 km
性能	最高车速 250 km/h、百公里加速时间 3.9 s
充电时间	快充 2 h

4.7.4　比亚迪·秦 EV300 纯电动汽车

比亚迪·秦 EV300 纯电动汽车（外观及内饰如图 4-18 所示）于 2016 年 3 月 31 日在北京正式上市。该车为比亚迪·秦的纯电动车型，最大续驶里程为 300 km。

（a）

（b）

图 4-18　比亚迪·秦 EV300 纯电动汽车
(a) 外观；(b) 内饰

比亚迪·秦 EV300 纯电动汽车采用磷酸铁锂电池，电池容量为 47.5 kW·h，续驶里程为 300 km，电动机功率为 160 kW，总扭矩为 310 N·m，最高车速 150 km/h，百公里加速 7.9 s，作为一款老车型，表现中规中矩，其技术参数如表 4-4 所示。

表 4-4　比亚迪·秦 EV300 2017 款精英型纯电动汽车技术参数

内容	参数
电动机技术	总功率 160 kW、电动机总扭矩 310 N·m
电池技术	磷酸铁锂电池、电池容量 47.5 kW·h、续驶里程 300 km
性能	最高车速 150 km/h、百公里加速时间 7.9 s
充电时间	快充 1.2 h

课后习题

一、填空题

1. 纯电动汽车电力驱动系统主要由_____、_____、_____和_____等构成。

2. 纯电动汽车系统分为三个子系统，分别为_____、_____和_____。
3. 纯电动汽车的辅助系统主要包括_____、_____、_____和_____等。
4. 电动汽车的核心部分是_____，其性能决定着电动汽车运行性能的好坏。

二、简答题

1. 简述纯电动汽车冷热型空调系统的工作过程。
2. 与传统内燃机汽车相比，纯电动汽车有哪些特点？

项目 5

混合动力汽车

📖 学习目标

1. 能够说出混合动力汽车的类型和各自的特点
2. 能够按构造区分混合动力汽车并画出其结构
3. 能够说出三种混合动力模块的结构及其工作原理
4. 能够举例介绍三款普通混合动力汽车
5. 能够举例介绍三款插电式混合动力汽车

📖 能力目标

1. 能够说出混合动力汽车的类型和各自的特点
2. 能够按构造区分混合动力汽车并画出其结构
3. 能够说出三种混合动力模块的结构及工作原理

📖 素质目标

1. 具有法律意识、环保意识、安全意识
2. 具有严谨、规范、精益求精的大国工匠精神
3. 具有正确的劳动态度以及爱岗敬业、吃苦耐劳的精神
4. 培养技能救国、科技兴国的理念以及科技报国的国家情怀和使命担当

📖 课时

20 课时

5.1　混合动力汽车分类

混合动力系统是指两种不同形式的动力系统组合在一起，共同作为驱动汽车前进的动力系统，其动力形式主要有燃油发动机、燃气发动机、电动机等。但通常我们说的混合动力汽车，如图5-1所示，是指采用燃油发动机与电动机两种动力组合的汽车，简称"油电混合"。它通常能够行驶在纯电动模式、纯油模式以及油电混合模式下，可以通俗地理解为双人自行车，两人既可以同时出力，也可以各自出力。混合动力汽车与内燃机汽车结构类似，但更加复杂。一般混合动力汽车会在内燃机汽车的基础上加装一套电能驱动系统，包含电动机和动力电池。

视频：混合动力汽车定义

视频：混合动力汽车动力源

图5-1　混合动力汽车

混合动力汽车一般可以分为普通混合动力汽车（原理如图5-2所示）、插电式混合动力汽车以及增程式混合动力汽车。同时，电动机和发动机的相对布置形式又有几种变化，不同厂商的混合动力汽车性能也会有所差异，本节将对混合动力汽车的分类进行讲解。

视频：混合动力汽车电气

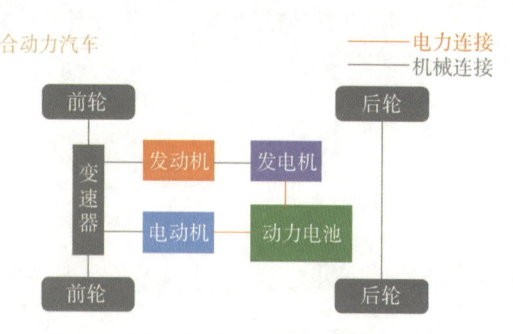

图5-2　普通混合动力汽车原理图

5.1.1 普通混合动力汽车

混合动力汽车在正常行驶过程中，主要依靠发动机驱动。而在电量充足的条件下，车辆起动或低速行驶时，完全可以依靠电动机驱动，但是续驶里程较短。随着车速提高，发动机开始驱动车辆行驶。当遇到坡道或者急加速时，发动机和电动机共同驱动车辆行驶。

混合动力汽车的动力电池容量较小，如图 5-3 所示，雷克萨斯 CT200h 的动力电池容量为 6.5 A·h，相当于一些强力探照灯的电瓶，它在纯电模式下最远行驶距离仅为 3 km。因此，混合动力汽车一般通过刹车时回收动能为动力电池充电，或者利用车辆在行驶时发动机的多余功率驱动发电机充电，完全不存在纯电动汽车到处找"插座"的困扰，这也是丰田为什么做出"不需要充电"的广告。

混合动力汽车的主要缺点是可选车型主要集中在日系品牌（如图 5-4 所示凯美瑞双擎），且多为中型以上车型，在性价比更高的普通紧凑车型上应用极少，电驱系统的加入也使得售价进一步提高，而且没有被新能源汽车补贴目录收录；另外，增设的电驱系统多少会占据一定的使用空间，混动版凯美瑞的后备箱比普通版少了大概 1/4 的容积，导致储物空间缩水。

图 5-3 雷克萨斯混动

图 5-4 凯美瑞双擎

5.1.2 插电式混合动力汽车

插电式混合动力汽车比起普通混合动力汽车多了一个充电口，能够外接充电，如图 5-5 所示。插电式混合动力汽车的电动机功率要足够大，以确保汽车能够以较高的速度行驶，一般认为需要大于 50 kW，电池容量也要比普通混合动力汽车的电池容量大很多，足以在纯电模式下跑几十公里。插电式混合动力汽车的百公里综合油耗比普通混合动力汽车更低,因为它可以在纯电的模式下行驶一定的里程,而且充电时间也不长,一般数小时即可充满。如果能够保持良好的充电习惯,用车费用直追纯电动汽车,并且无需担心任何续驶问题。

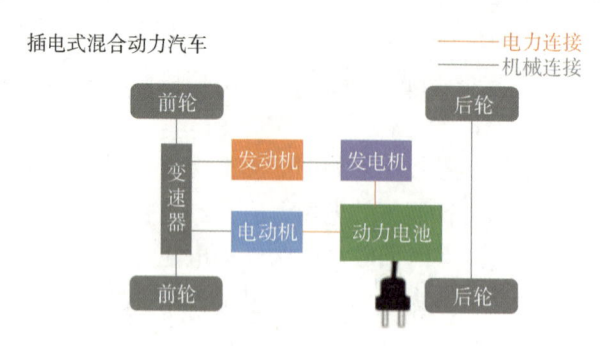

图 5-5　插电式混合动力汽车原理图

插电式混合动力汽车也能在纯电模式下行驶,由于动力电池的容量较大,插电式混合动力汽车的续驶里程也较长(一般在 50 km 以上)。

同时,插电式混合动力汽车得益于更大功率的电动机辅助,动力性能更加强劲。保时捷 918 Spyder 如图 5-6 所示。能够实现 2.3 s 破百的性能,即使是定位在普通紧凑型车的比亚迪秦,百公里加速也能突破 6 s,并且它还能享受多重补贴。

图 5-6　保时捷 918 Spyder

不过,电池组的增加也进一步提高了售价,而部分地区不对插电式混合动力车进行补贴,如北京就只补贴纯电动汽车,不补贴插电式混合动力车。并且,可选车型极少,能买到的国产车只有两款。

另外,充电设施建设缓慢及个人充电条件不易满足等,也消磨了消费者使用纯电模式的热情,车主更多的是当普通汽车去使用,而比亚迪秦和荣威 550 在纯油模式下的油耗与普通汽车相比并没有多大优势,节能减排效果仍待提高。

5.1.3　增程式混合动力汽车

增程式混合动力汽车就是用发动机进行发电、电动机进行驱动的车辆。当电池组电量充足时采用纯电动模式行驶，而当电量不足时，车内发动机起动，带动发电机为动力电池充电，提供电动机运行的电力（即增程模式）。

增程式混合动力汽车和普通混合动力汽车以及插电式混合动力汽车相比，不同的是增程式混合动力汽车无论在什么情况下，都不能由发动机直接驱动车轮行驶，只能通过电动机驱动。但它也能够像插电式混合动力汽车一样，通过外接电源进行充电，如图5-7所示。

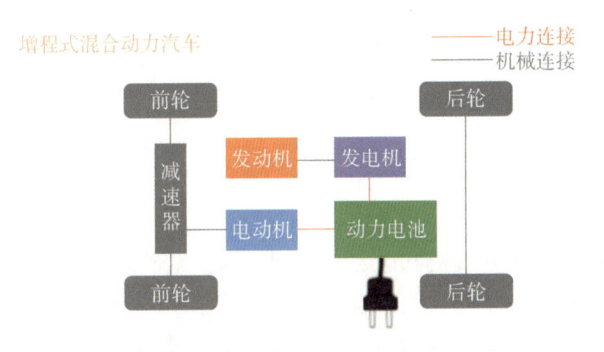

图 5-7 增程式混合动力汽车原理图

由于具有插电式混合动力汽车的外接充电优势，增程式混合动力汽车的纯电续驶里程也较长，如宝马i3纯电版续驶里程为160 km，而宝马i3增程版续驶里程为300 km左右。并且在增程模式下，发动机工作在高效转区，其安静程度比普通汽车更好，电动机的低转高扭特性也使得车辆的起步和加速性能较好。而在增程模式下，宝马的综合百公里油耗也能达到4 L左右的水平，起到一定的节能作用。与此同时，增程式混合动力汽车和插电式混合动力汽车一样能够享受国家新能源汽车补贴政策，但目前只有广汽传祺研发增程式混合动力汽车。增程式混合动力汽车、插电式混合动力汽车和纯电动汽车一样存在相当头疼的充电问题。而"油-电"的形式，使得增程式混合动力汽车在增程模式下（即纯油模式）的油耗和普通汽车相差不大，如雪弗兰VOLT（如图5-8所示），在高速工况下，油耗为5.6 L左右，而普通1.4 L发动机汽车的油耗也就在1 L左右，节能效果有待提高。而且，由于发动机不能协同电动机一起驱动汽车，增程式混合动力汽车在高速上的动力表现性能远不及普通混合动力汽车和插电式混合动力汽车，比起普通汽车也仅有起步和加速上的优势而已。

图 5-8 雪佛兰 VOLT 增程式混合动力汽车

5.2 混合动力汽车的构造

如前面所述,混合动力汽车分为普通混合动力汽车、插电式混合动力汽车以及增程式混合动力汽车三种。而混合动力汽车的结构形式也分为三种,分别是串联式、并联式和混联式,其中增程式混合动力汽车只能是串联式结构,而并联式和混联式结构既可以应用于普通混合动力,也可以应用于插电式混合动力汽车。

5.2.1 串联式结构

串联式,顾名思义就是发动机和电动机"串"在一条动力传输路径上,这和前面说到的增程式混合动力汽车是一样的。而串联式最大的特点就是发动机在任何情况下都不参与驱动汽车的工作,只能通过发电机为电动机提供电能,如图5-9所示。

视频:串联式混合动力汽车动力系统组成

图5-9 串联式混合动力汽车原理图

串联式结构的动力来源于电动机,发动机只能驱动发电机发电,并不能直接驱动车辆行驶。因此,串联式结构中电动机功率一般要大于发动机功率,才能满足车辆的行驶需求。并且,可以把串联式结构简单地理解为:电动机+发动机=串联。

串联是混合动力汽车中结构最为简单的,整体结构相当于纯电动汽车加一个汽油发电机,它取消了普通汽车的变速箱,结构布置也更加灵活,如图5-10所示。

视频:串联式混合动力汽车动力控制

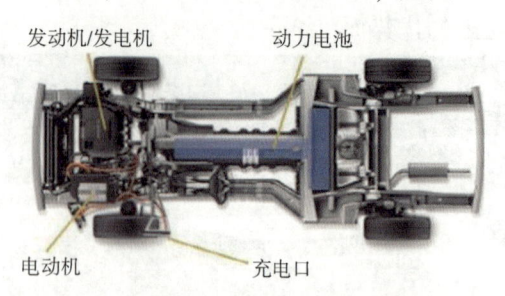

图5-10 雪佛兰Volt串联式混合动力汽车

同时,发动机工作在高效转区,在一般的中低速城市路况,串联式混合动力汽车的油耗相对普通汽车要低,节油30%左右。而且串联式混合动力汽车的驾驶模式单一,只有电动模式,用户的学习成本几乎为零,根本无须想着切换混合模式还是纯油模式。但是,发动机的动能需要经过二次转换才能为电动机供电,会造成较大的能量损失,使得串联式混合动力汽车在跑高速时油耗反而增大。拿雪佛兰 VOLT 来说,普通 1.4 L 发动机在高速巡航下的油耗也就百公里 5.6 L 左右,而 VOLT 的油耗却达到了百公里 6.4 L。

目前主流的串联式混合动力车型有:雪佛兰 VOLT、宝马 3 增程版、传祺 GA5 增程版。前两款售价高达 50 万元,而 GA5 也是自主品牌中仅有的串联式混合动力车型,能够享受国家和地方的优惠补贴。

5.2.2 并联式结构

并联就是在普通汽车的基础上加装一套电能驱动系统(即电动机和动力电池),发动机和电动机都能单独驱动车轮,也可以同时工作,共同驱动汽车,当动力电池电量不足时,发动机还能带动电动机反转为电池充电,如图 5-11 所示。

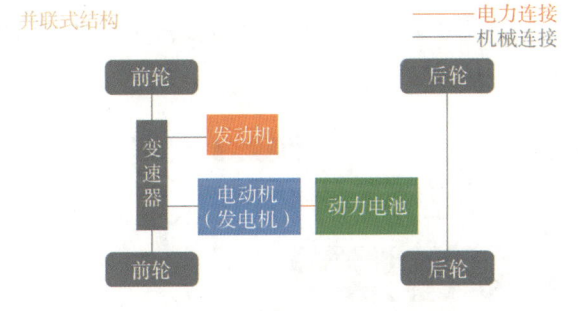

图 5-11 并联式混合动力汽车原理图

并联式混合动力汽车靠发动机或者电动机,或者它们二者共同驱动。并联结构保留了变速器,因此可以简单地理解为:普通汽车+电动机=并联,如表 5-1 所示。

表 5-1 并联式结构示意图和驱动模式原理

并联式结构驱动模式示意图	并联式结构驱动模式原理
	纯电模式:发动机关闭,电池为电动机供电,驱动车辆行驶。该模式多用于中低车速,也有部分车型可以实现高速巡航
	纯油模式:发动机起动,驱动车辆行驶,此时电动机能够反转发电,为动力电池进行充电

续表

并联式结构驱动模式示意图	并联式结构驱动模式原理
（前轮—变速器—发动机／电动机(发电机)—动力电池—后轮 结构示意图）	混合模式：发动机和电动机同时开起，驱动车辆行驶，该模式多用于爬坡、急加速及其他高负荷工况

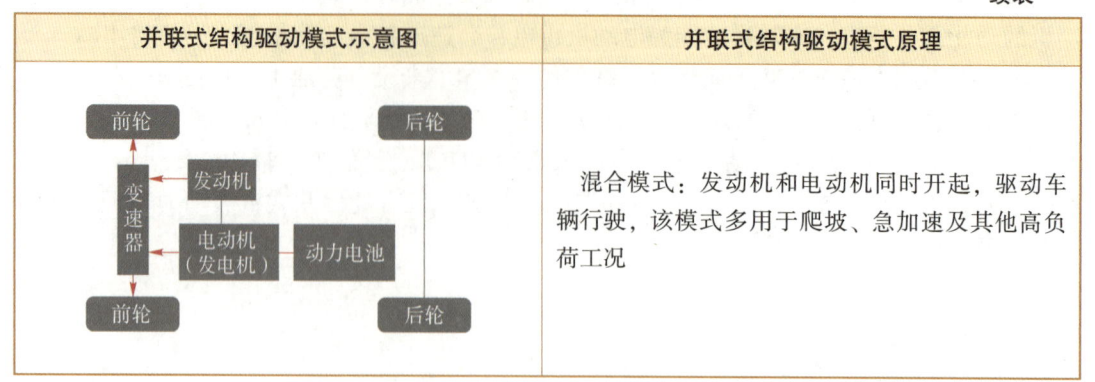

与串联不同的是，并联结构中发动机和电动机可以同时驱动汽车，其动力性能更加优越，如图 5-12 所示。比亚迪秦的 1.5T 发动机和电动机功率相加后超过 300 马力，相当于奥迪 A6 的 3.0T 发动机，但比亚迪秦仅是一台自主紧凑型车。其次，并联车型的驱动模式较多，可以适应多种工况，发动机能够在中高速运行时单独驱动汽车，无须进行能源的二次转换，因此其综合油耗也会更低。

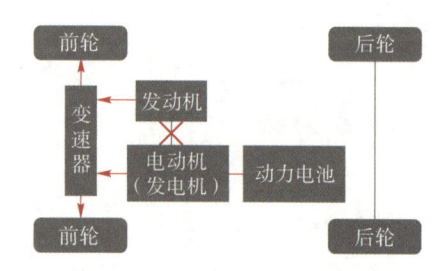

图 5-12　并联式混合模式下的结构原理图

不过，并联结构最显著的缺点就是只有一台电动机，没有独立的发电机，因而无法实现混合模式下发动机为电池充电的功能，而当电量耗尽时，汽车就只能依靠发动机驱动了。

与此同时，并联比串联和普通汽车更复杂，制造成本也相对会高一点。驱动模式较多，有纯油模式、纯电模式、混合模式等，不同厂家的命名标识都不尽相同，消费者容易混淆。

例如宝马 530Le 的 Save Battery y 模式，容易被误认为是充电模式，但是和奥迪 A3 Sportback e-tron 上的电力保持功能完全一致，仅仅是保持电量的模式不同而已。该模式不能为电池充满电，只能保持电池的当前电量，消耗时发动机会给电池充回相应的电量。因此，模式太多也造成了学习成本较高，一般人很容易放弃使用这些模式，到头来可能会形同虚设。

目前，市面上卖的混合动力车型，绝大部分采用的是并联式结构，如图 5-13 所示。这种结构尤其受到跑车厂家的喜爱，电动机和发动机互补，在节油的同时能够极大地提高加速性能。

图 5-13 市场上的并联式混合动力汽车

5.2.3 混联式结构

在并联的基础上再加入一个发电机,就是混联,即普通汽车+电动机+发电机=混联。但是这种结构不具备一般意义上的变速箱,通常是由一种叫作"ECVT"的具有行星齿轮结构的耦合单元替代了变速箱,起到连接和切换两种动力以及减速增扭的作用,如图 5-14 所示。也有一些厂家在混联结构中使用普通的变速箱,如双离合变速器、无级变速器(CVT)等,但是效果远不及这种 ECVT 变速结构。

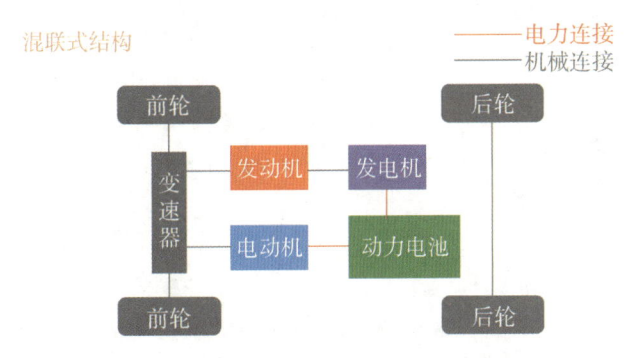

图 5-14 混联式混合动力汽车原理图

视频:混联式混合动力汽车动力系统组成

视频:混联式混合动力汽车动力控制

混联式结构在发动机和电动机协同驱动汽车行驶的同时,发动机还能带动发电机为电池充电,不像并联结构中单一电动机需要身兼二职,并且理论上它能够实现发动机带动发电机发电,电动机驱动汽车的模式。当然,两个动力单元也能够单独驱动车辆,具体模式如表 5-2 所示。

表 5-2 混联式结构示意图和驱动模式原理

混联式结构驱动模式示意图	混联式结构驱动模式原理
(前轮—变速器—后轮;发动机、发电机、电动机、动力电池)	纯电模式：发动机关闭，电池为电动机供电，驱动车辆行驶。该模式多用于中低速，也有部分车型可以实现高速巡航
(前轮—变速器—后轮;发动机、发电机、电动机、动力电池)	纯油模式：发动机开起，驱动车辆行驶，并带动发动机发电，为动力电池充电
(前轮—变速器—后轮;发动机、发电机、电动机、动力电池)	混合模式：发动机、电动机和发电机同时开起，一边驱动车辆一边充电。该模式多用于爬坡、急加速及其他高负荷工况
(前轮—变速器—后轮;发动机、发电机、电动机、动力电池)	充电模式：发动机不驱动车辆行驶，仅仅带动发电机发电，此时车辆依靠电动机驱动，相当于串联结构的车辆。当车速提高后，发动机开始介入，即混合模式

混联的结构和使用更加接近于并联结构的车型，但混联的驱动模式更加丰富，在并联的混合驱动模式基础上，加入了充电功能，这意味着发动机和电动机全力驱动车辆时，不用担心电量消耗的问题。并且由于 ECVT 的加入使电动机和发动机的配合更加默契，能够适应的工况更多，节油效果更优。不过结构更加复杂，价格也更高。由于 ECVT 存在技术垄断，消费者能买到的基本是丰田系的普通混合动力车型，同时丰田对于插电式混合动力车型的兴趣不高，以至于混联的插电式混合动力车型极少，完全和消费者的需求背道而驰。

近年来，也有几家厂商另辟蹊径，做出混联式结构的混合动力车型，包括雪佛兰 2016 款 VOLT、比亚迪唐以及荣威 550，如图 5-15 所示。相信以后会有更多厂商会把研发资源投入到混联式结构的车型当中。

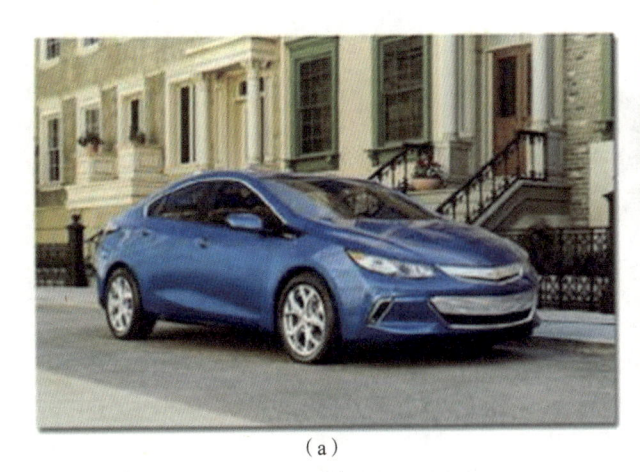

图 5-15 混联结构混合动力汽车外观
(a) 雪佛兰 2016 款 VOLT；(b) 比亚迪唐；(c) 荣威 550

5.2.4 混合动力汽车的混合度

目前，混合动力汽车的混合度在学术和科研上的争议比较多。如果根据发动机功率和电动机功率的比例进行划分，国内普遍采用的混合动力系统按混合度分类，具体标准如表 5-3 所示。

表 5-3 混合动力系统按混合度分类标准

分类	比较
微混	电动机最大功率和发动机最大功率之比小于 5%
弱混	电动机最大功率和发动机最大功率之比为 5%~15%
中混	电动机最大功率和发动机最大功率之比为 15%~40%
强混	电动机最大功率和发动机最大功率之比大于 40%

就目前混合动力的发展趋势而言，强混是主流，中混次之，而微混和弱混已经被大多数厂家淘汰。例如，宝马 530Le 发动机功率为 160 kW，电动机功率为 700 kW，换算后其混合度约为 44%；而比亚迪唐，电动机功率比发动机功率大了 69 kW，混合度高达 145%。

此外，普通混合动力等于弱混的概念是错误的，混合度与能不能充电没有必然联系，必须严格按照功率比例划分。如普锐斯混合动力汽车的发动机功率为 73 kW，电动机功率为 60 kW，换算后混合度为 82%，属于强混汽车，如图 5-16 所示。

另外，混合度的分类对于消费者来说没有太大意义，只要稍微了解即可。相对而言，根据发动机与电动机之间的关系进行分类对于人们了解混合动力汽车的结构和原理更为有利。

图 5-16 普锐斯混合动力汽车透视图

5.3 混合动力模块

　　如何将发动机与电动机的动力整合在一起，"混"成一股力量，是混合动力汽车的核心技术。我们把电动机及其动力整合机构的组合称为"混合动力模块"。

　　混合动力模块还有不少别名，如驱动电桥、动力分配装置、动力复合机构、动力耦合机构等，其实都是分配和协调发动机与电动机动力的机构，如图5-17和图5-18所示。

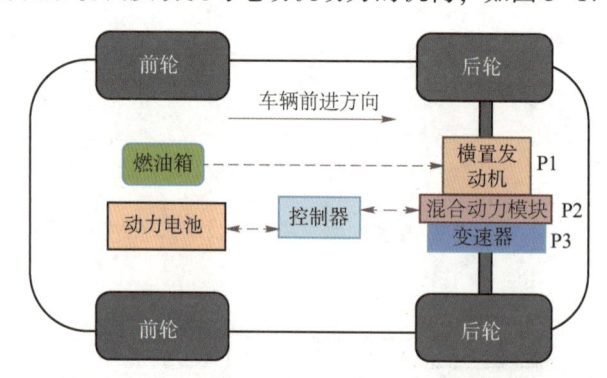

图 5-17　前横置发动机混合动力模块位置示意图

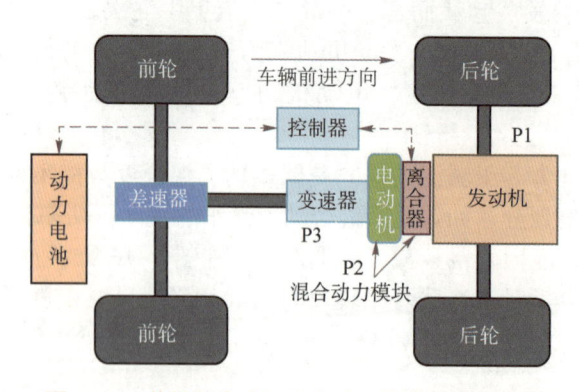

图 5-18　前纵置发动机混合动力模块位置示意图

5.3.1 混合动力模块一：单电动机+离合器

这种模块由电动机和离合器组成，混合动力模块的离合器端与发动机相连，电动机端则与变速器相连，因此一般都称这种混合动力模块为P2，位于发动机与变速器之间，如图5-19所示。这种采用单电动机离合器的混合动力模块，主要适用于单电动机式混合动力车型，包括大众、奥迪、奔驰、长安、比亚迪、长城等混合动力车型。不论是前横置发动机车型，还是前纵置发动机车型，只要是单电动机的混合动力汽车，基本都采用"电动机离合器"式的混合动力模块。图5-20所示为奥迪Q5混合动力车型采用的混合动力模块。

图5-19 混合动力模块一的构造图

图5-20 奥迪Q5混合动力车型采用的混合动力模块

5.3.2 混合动力模块二：单电动机+行星齿轮

这种混合动力模块比较少见，它采用一台电动机与行星齿轮组合，其行星齿轮的环齿轮、行星齿轮架及太阳轮，分别与电动机、变速器及发动机连接，利用行星齿轮的特点来协调和分配电动机和发动机的动力。采用这种混合动力模块的车型有奇瑞·艾瑞泽 7 混合动力汽车等，如图 5-21 和图 5-22 所示。

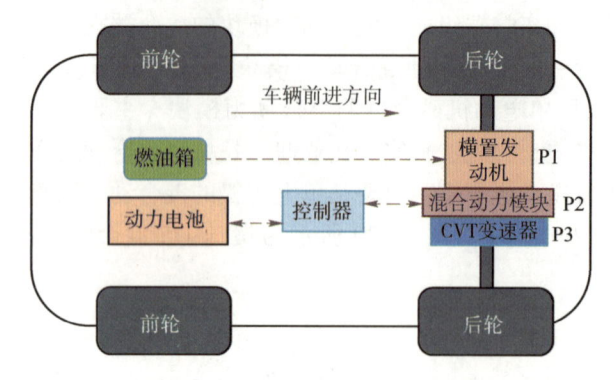

图 5-21　奇瑞·艾瑞泽 7 混合动力模块位置示意图

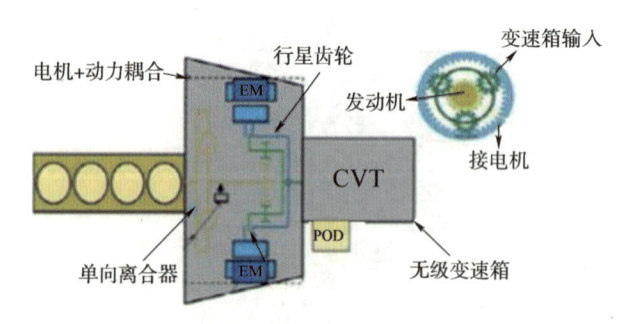

图 5-22　奇瑞·艾瑞泽 7 混合动力模块中行星齿轮连接示意图

5.3.3　混合动力模块三：双电动机+行星齿轮

这种混合动力模块由两台电动机（其中一台作为发电机）和行星齿轮机构组成，主要适用于双电动机式混合动力车型，其行星齿轮的环齿轮、行星齿轮架和太阳轮，分别与两台电动机和一台发动机相连，利用行星齿轮的特殊性能，协调两台电动机与一台发动机三者之间力量的混合，如图 5-23 所示。

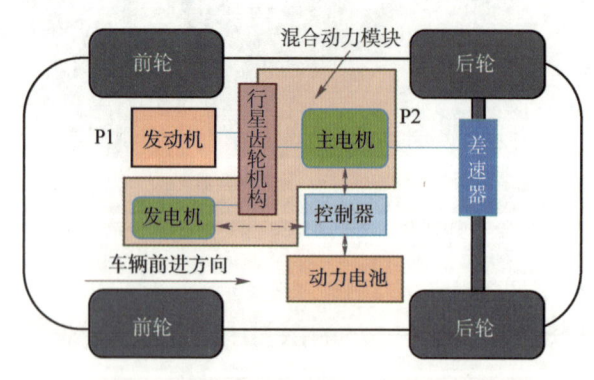

图 5-23　丰田双擎混合动力汽车结构示意图

行星齿轮机构是一个神奇的齿轮机构，它在自动变速器和中央差速器中都有应用。它由最外圈的环齿轮、中央的太阳齿轮以及夹在二者中间的行星齿轮（一般固定在行星架上）三部分组成。这三部分齿轮之间的关系非常微妙，不论调节哪个齿轮，都会影响另外两个齿轮的转动。正是利用行星齿轮的这个特性，将混联式混合动力的一台电动机、一台发电机和一台发动机的动力源组成一个动力共同体，使它们三者之间默契配合、相互协调，使车辆总能以最佳性能行驶。

其实，行星齿轮机构起到动力分配的作用，与一些四驱汽车中央差速器的作用相当。采用这种混动模块的车系主要包括丰田混合动力车型（包括雷克萨斯）、通用混合动力车型（包括雪佛兰）、上汽荣威混合动力车型等。它们的原理基本相同，只是具体设计稍有差别。在丰田普锐斯混合动力汽车上，环齿轮与主电动机相连、行星架与发动机相连、太阳轮与发电机相连，如图 5-24 所示。

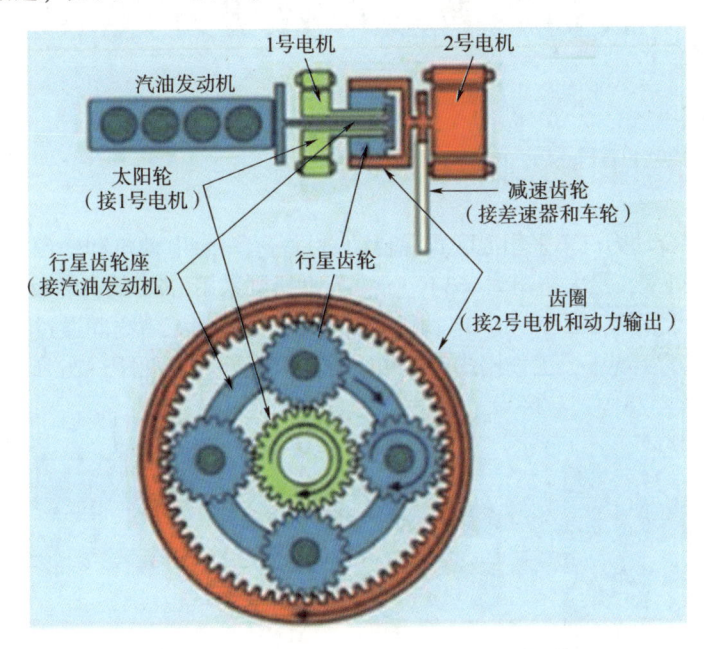

图 5-24 普锐斯的动力分配单元示意图

电动机的转速相对于发动机来说要高得多，如交流异步电动机的转速范围为 12 000～20 000 r/min，永磁同步电动机的转速范围为 4 000～10 000 r/min。为了更方便地控制车速，必须将电动机的转速降低，这就需要在电动机的输出端配备减速器（或称减速齿轮），共同组成所谓的"驱动电桥"。不论是混合动力汽车还是纯电动汽车，大多要配备减速器。

对于一些车型来说，如四驱 SUV、四驱跑车等，仅仅为没有变速器的电动机装配一个减速器还不够，因为 SUV、跑车对扭矩和转速的变化范围要求更高，如在爬坡时要求低转速、高扭矩，而在高速运行时又需要高转速、低扭矩。为了满足这些要求，往往都会为没有变速器的电动机再配上一个 2 速自动变速器，使它可以很好地满足苛刻的行驶要求。如宝马 i8 的前驱动电桥就是由电动机和一个 2 速交速器组成的，如图 5-25 所示。

图 5-25 舍弗勒 2 速平行轴驱动电桥构造图

5.4 各品牌普通混合动力汽车

5.4.1 丰田普锐斯混合动力汽车

丰田普锐斯混合动力汽车采用混联式混合动力,它有一台电动机和一台发电机,其中电动机的最大功率为 53 kW,最大扭矩为 163 N·m。发动机则采用 1.8L 的自然吸气汽油发动机,最大功率 72 kW,最大扭矩 142 N·m。电动机、发电机和发动机三者之间通过一个行星齿轮机构协调配合,在不同的工况下,工作模式也不相同,其构造示意图如图 5-26 所示。

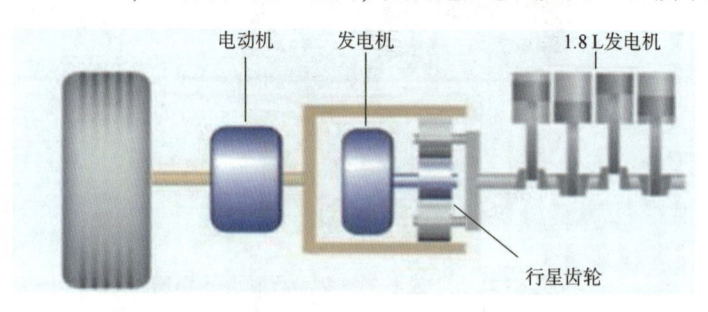

图 5-26 丰田普锐斯混合动力汽车构造示意图

新型的普锐斯混合动力汽车的动力电池有两种:锂离子电池和镍氢蓄电池。

1. 起步

起步时只有电动机参与工作,发动机不起动。因为发动机不能在低转速时输出较大扭矩,而电动机则可以在低转速时就输出最大扭矩,保证车辆顺利起步,其能量流动原理示意图如图 5-27 所示。

2. 低速和中速行驶

对于发动机而言,在低速到中速时的效率并不理想,而电动机在低速到中速时则性能优越。因此,在 0~20 km/h 的速度行驶时,油电混合动力系统只使用电动机驱动,其能量流动原理示意图如图 5-28 所示。

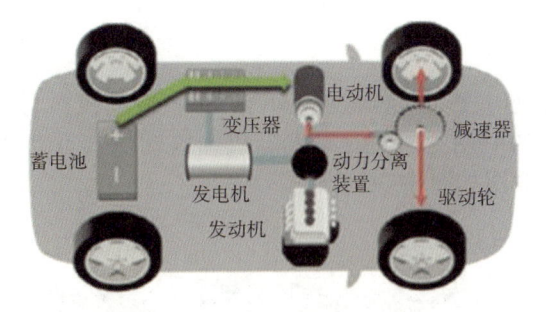

图 5-27　起步时的能量流动原理示意图

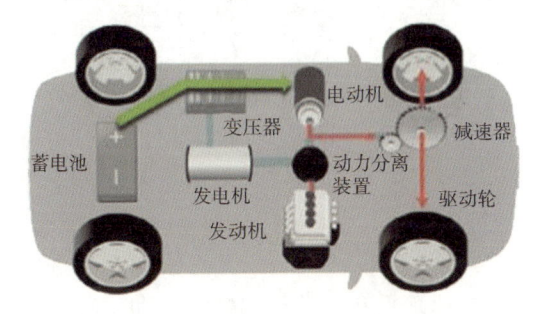

图 5-28　低速和中速行驶时的能量流动原理示意图

3. 一般行驶

一般行驶时，以发动机工作为主，并且发动机带动发电机向电动机供电，使电动机也能辅助发动机驱动汽车前进。如果这时发动机产生多余的能量，则这部分能量由发电机转换成电力，储存在动力电池中，其能量流动原理示意图如图 5-29 所示。

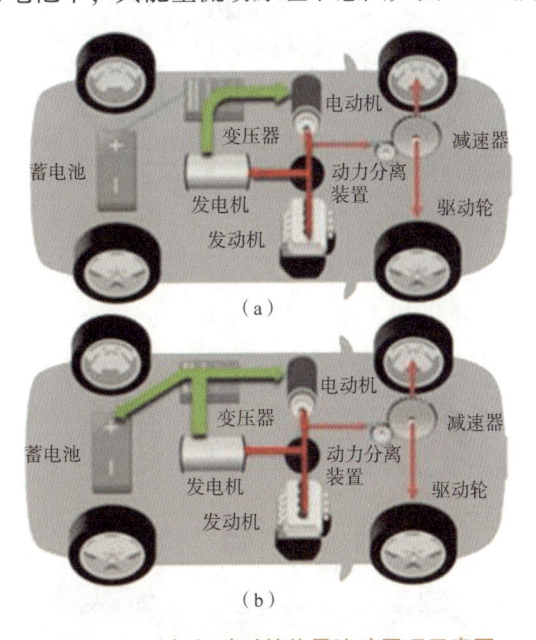

（a）

（b）

图 5-29　一般行驶时的能量流动原理示意图
（a）单向电动机形式能量流动示意图；（b）双向电动机形式能量流动示意图

4. 加速行驶

当汽车需要加速行驶时（如爬陡坡或超车），不仅发动机参与工作，而且动力电池也提供电力来加大电动机的驱动力。此时是发动机和电动机双重动力共同驱动汽车加速前进，其能量流动原理示意图如图 5-30 所示。

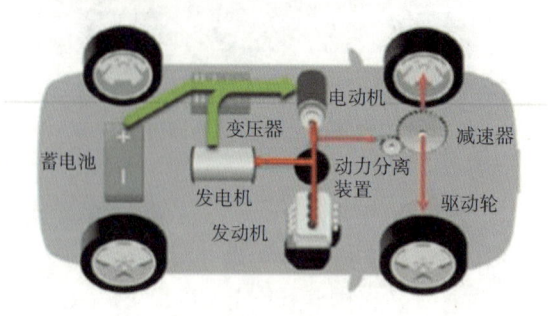

图 5-30 加速行驶时的能量流动原理示意图

5. 减速或制动

当踩下制动踏板或松开加速踏板时，车辆的惯性带动车轮继续旋转，车轮带动电动机旋转，此时电动机处于发电工作状态，并将电能储存于动力电池中，回收能量以便再利用，其能量流动原理示意图如图 5-31 所示。

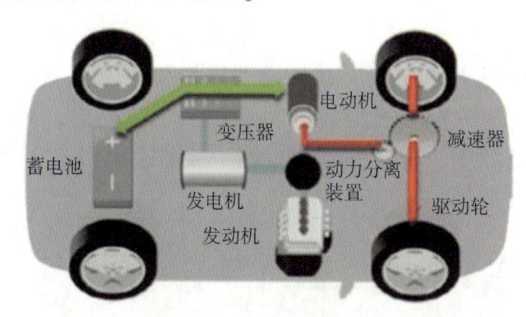

图 5-31 减速或制动时的能量流动原理示意图

6. 停车

停车时，发动机和两个电动机都不工作，车辆完全静止，其能量流动原理示意图如图 5-32 所示。

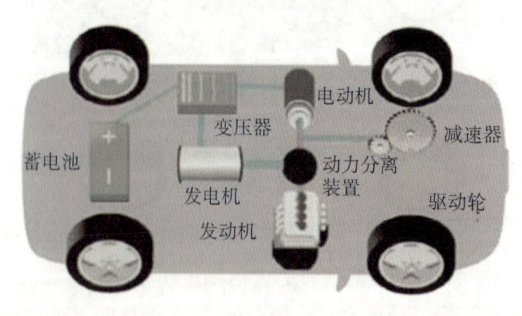

图 5-32 停车时的能量流动原理示意图

5.4.2 奔驰 S400 Hybrid 混合动力汽车

奔驰 S400 Hybrid 混合动力汽车采用汽油发动机与电动机混合动力系统，其中 3.5 L 的汽油发动机提供 205 kW 的功率，同时，其电动机也可产生 15 kW 的输出功率和 160 N·m 的起动扭矩。在汽油发动机和电动机的共同作用下，奔驰 S400 Hybrid 的综合输出功率可达到 220 kW，综合最大扭矩为 385 N·m。

奔驰 S400 Hybrid 的混合动力模块中，圆盘形电动机扮演着电动机和发电机的双重角色，如图 5-33 所示。在加速阶段，电动机作为电动机使用，介入动力辅助工作提供 160 N·m 的最大额外扭矩，帮助车辆达到扭矩峰值。也就是说，在加速阶段，虽然汽油发动机动力也较强，但在电动机"帮一把力"的情况下，车辆能得到更快的加速动力，自然就可以节省汽油发动机的一部分能量。这是一种"以加为减"的节能方法。

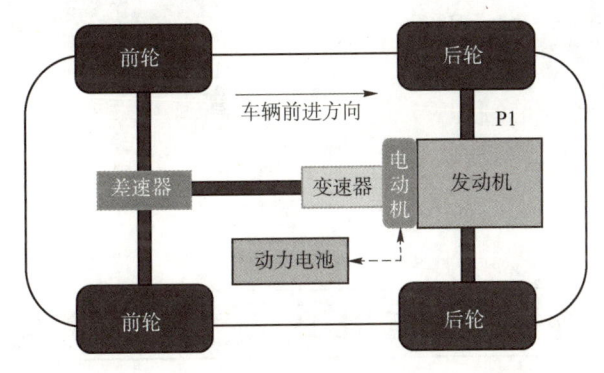

图 5-33 奔驰 S400 混合动力汽车构造示意图

在制动过程中，电动机会充当发电机的角色，能够回收制动过程中损失的动能，将回收的动能储存在锂离子电池之中，并在需要时重新利用，如图 5-34 所示。

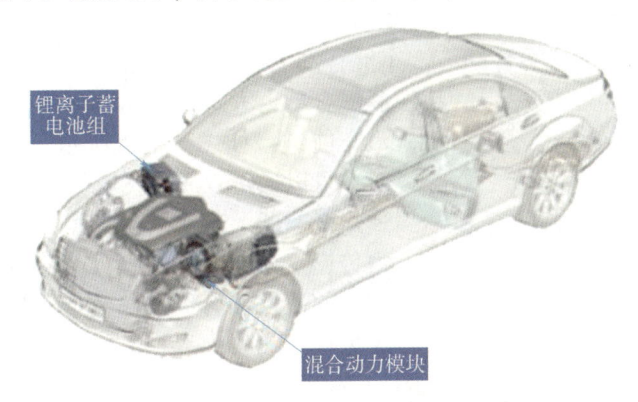

图 5-34 奔驰 S400 混合动力汽车透视图

5.4.3 雪佛兰迈锐宝混合动力汽车

新一代雪佛兰迈锐宝（Malibu）混合动力汽车采用与雪佛兰沃蓝达（Volt）插电式混

合动力汽车相似的混合动力系统，也是采用 1 台发动机与 2 台电动机（其中 1 台作为发电机）行星齿轮组合。所不同的是，汽油发动机的排量由 1.5 L 调整为 1.8 L，如图 5-35 和图 5-36 所示。新一代迈锐宝混合动力汽车在纯电模式下最高车速可以达到 86 km/h，纯电模式下最大续驶里程可以达到 80 km。

图 5-35 迈锐宝混合动力汽车底盘

图 5-36 迈锐宝混合动力汽车动力和传动系统

5.5 各品牌插电式混合动力汽车

5.5.1 奥迪 A3 e-tron 插电式混合动力汽车

奥迪 A3 e-tron 插电式混合动力汽车混合动力模块位于发动机与变速器之间，属于并联混合动力方式，电动机和发动机都可以独立驱动汽车前进，如图 5-37 所示。在发动机单独运转时，可以通过双质量飞轮绕开电动机直接将动力传递给变速器。而纯电动模式下，则仅将电动机的动力传递给变速器。奥迪 A3 e-tron 插电式混合动力汽车的最大综合续驶里程为 940 km，最大纯电续驶里程为 50 km。另外，图 5-38 为该车型的基本构造。

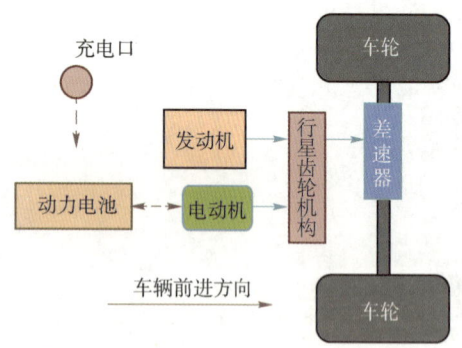

图 5-37 奥迪 A3 e-tron 插电式混合动力汽车的基本构造示意图

奥迪 A3 e-tron 插电式混合动力汽车的动力系统由 1.4T 汽油发动机（最大功率 110 kW，最大扭矩 250 N·m）、1 台输出功率为 80 kW 的电动机以及 6 挡 e S-tronic 变速器组成。电动机可以单独驱动车辆，也可以与汽油机协同驱动车辆（二者之间通过分离离合器进行分离和接合），还可实现制动能量回收，如图 5-39 和图 5-40 所示。

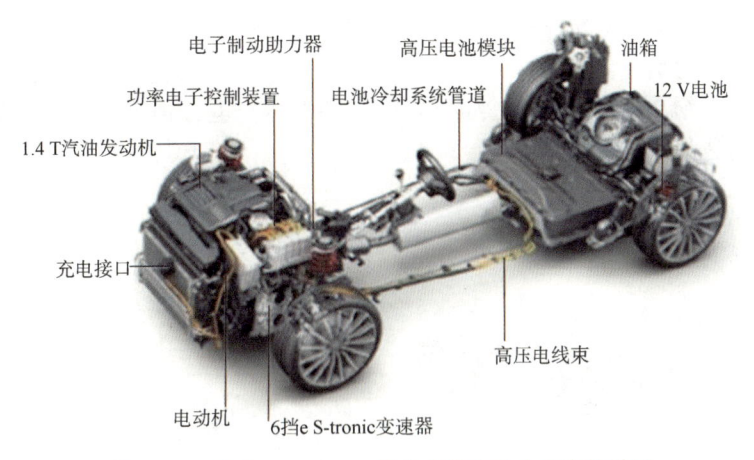

图 5-38　奥迪 A3 e-tron 插电式混合动力汽车构造图

图 5-39　奥迪 A3 e-tron 插电式混合动力汽车混合动力模块构造图

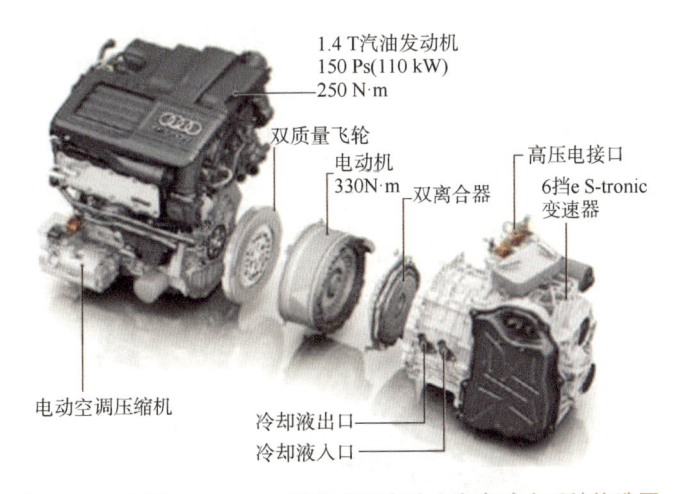

图 5-40　奥迪 A3 e-tron 插电式混合动力汽车动力系统构造图

新能源汽车概述

奥迪 A3 e-tron 插电式混合动力汽车配备的锂离子电池组容量为 8.8 kW·h，其外壳由铝材制成，内部包括 8 个模块，共计 95 个单体电池，如图 5-41 所示。在我国，如果采用工业电压充电，约 2 h 即可充满，如果采用家用电压充电，则约 5 h 可以充满，其动力电池管理系统构造如图 5-42 所示。

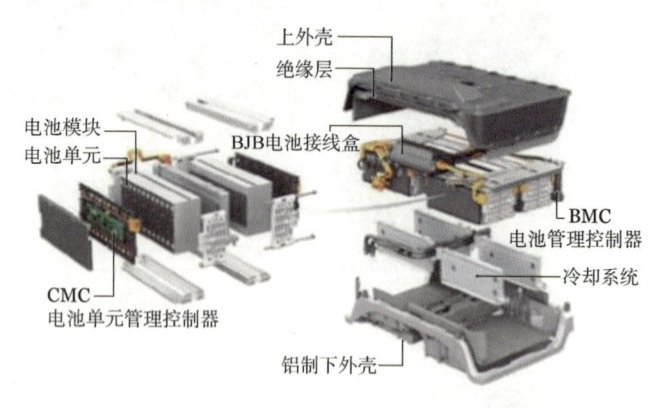

图 5-41　奥迪 A3 e-tron 插电式混合动力汽车动力电池构造图

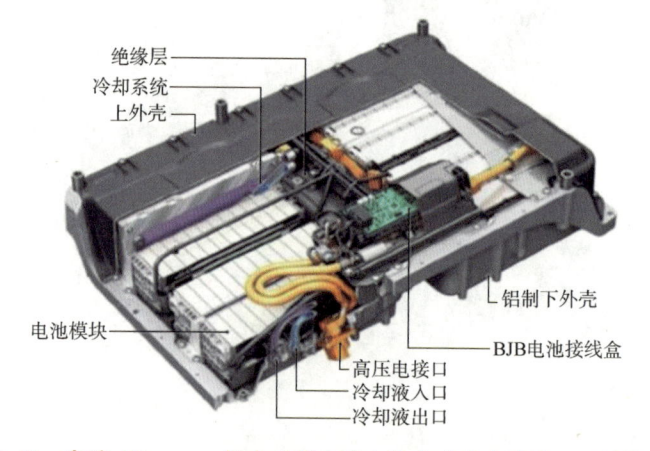

图 5-42　奥迪 A3 e-tron 插电式混合动力汽车动力电池管理系统构造图

为保证动力电池在最佳温度状态下发挥出最佳性能，A3 e-tron 插电式混合动力汽车的动力电池采用带低温回路的液体冷却系统，能够将电池温度控制在最佳范围内，确保电池组即使在环境温度较低的情况下也能获得最佳且持久的电力输出，其冷却系统模式如表 5-4 所示。

表 5-4　奥迪 A3 e-tron 插电式混合动力汽车冷却系统模式

冷却液途径	示意图	冷却模式
纯电模式冷却液途径		纯电模式：发动机不工作，冷却液不经过发动机中冷器，而是直接流向电动机，为电动机冷却，然后流回冷却系统。冷却液的行程较短，冷却作用更为高效

冷却液途径	示意图	冷却模式
Boost 模式冷却液途径		Boost 模式：电动机和发动机同时工作，冷却液则是先经过发动机中冷器，再流向电动机，最后流回冷却系统

动力电池冷却系统是一个独立的调节系统，可以自如地控制动力电池的温度。同时，这一系统还与热管理系统互补，使电池组、控制器和电动机在各自理想的温度下工作，如图 5-43 所示。

图 5-43 奥迪 A3 e-tron 插电式混合动力汽车动力电池冷却系统
（a）短循环冷却系统，蓄电池温度>35 ℃；（b）长循环冷却系统，蓄电池温度>45 ℃

奥迪 A3 e-tron 插电式混合动力汽车的工作模式如下：

1. 准备状态

电动机和发动机都不工作，一切都在无声中，电动机和发动机都不运转。

2. 恒速行驶状态

在车速低于 130 km/h 且电池电量充足的情况下，只有电动机（作为电动机）参与工作，分离离合器断开，发动机不工作，如图 5-44 所示。

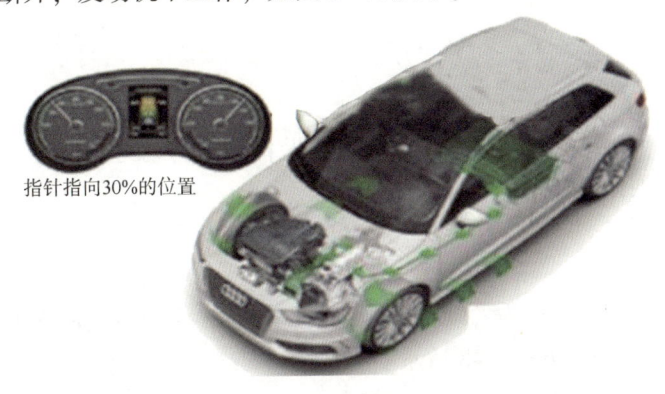

图 5-44 奥迪 A3 e-tron 插电式混合动力汽车恒速行驶状态

3. 缓慢加速状态

如果加速踏板不踩到底，只是缓慢加速，则只有电动机（作为电动机）参与工作，分离离合器断开，发动机仍然不工作，此时为纯电加速状态，如图 4-45 所示。

指针指向30%以上区域

图 5-45　奥迪 A3 e-tron 插电式混合动力汽车缓慢加速状态

4. 混动加速状态

急加速、或驾驶人将加速踏板踩到底、或车速超过 130 km/h 时，分离离合器自动闭合，发动机参与工作，与电动机一起驱动车辆加速前进，如图 5-46 所示。

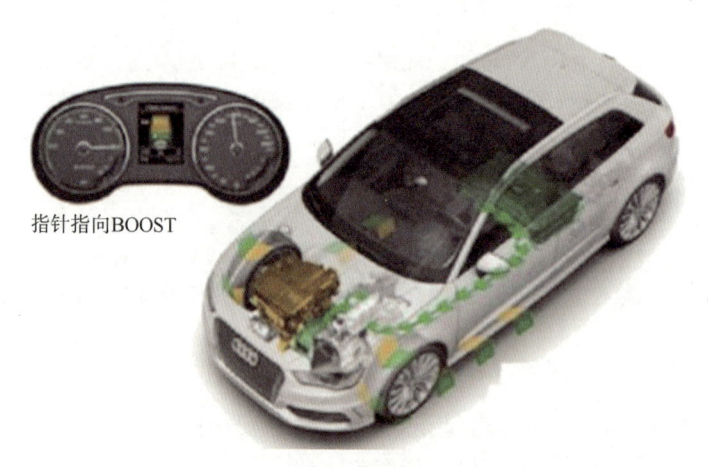

指针指向BOOST

图 5-46　奥迪 A3 e-tron 插电式混合动力汽车混动加速状态

5. 滑行状态

当车辆滑行时，电动机作为发电机工作，回收能量，为动力电池充电，此时分离离合器断开，发动机不工作，如图 5-47 所示。

6. 制动状态

当车辆制动时，电动机作为发电机工作，回收能量，为动力电池充电，此时分离离合器断开，发动机不工作，如图 5-48 所示。

指针指向CHARGE

图 5-47　奥迪 A3 e-tron 插电式混合动力汽车滑行状态

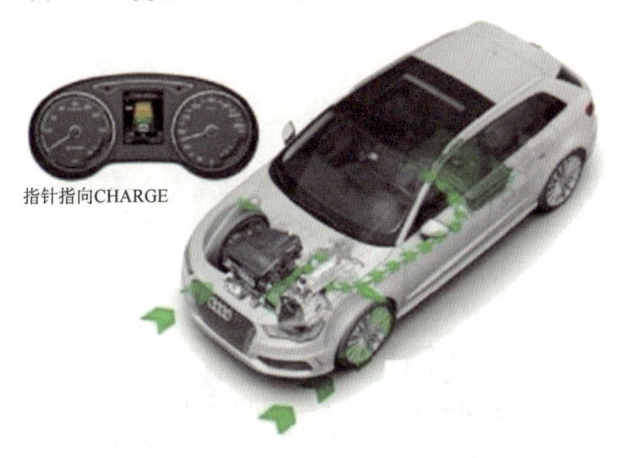

指针指向CHARGE

图 5-48　奥迪 A3 e-tron 插电式混合动力汽车制动状态

5.5.2　宝马 i8 插电式混合动力汽车

宝马 i8 是一款插电式混合动力汽车。一台 1.5L 三缸涡轮增压汽油发动机放置在车辆后部用来驱动后轴，最大功率 170 kW，最大扭矩 320 N·m，并通过 6 速自动变速器向后轴传递动力。一台最大功率 96 kW 的电动机用来驱动前轴，最大扭矩为 250 N·m，并通过 2 速自动变速器向前轴传递动力，如图 5-49 所示。通过发动机与电动机的默契配合，宝马 i8 插电式混合动力汽车成为一款具有四驱功能的超级跑车，0~100 km/h 的加速时间仅为 4.4 s。最高车速限制在 250 km/h，最大续驶里程 600 km，其构造如图 5-50 所示。

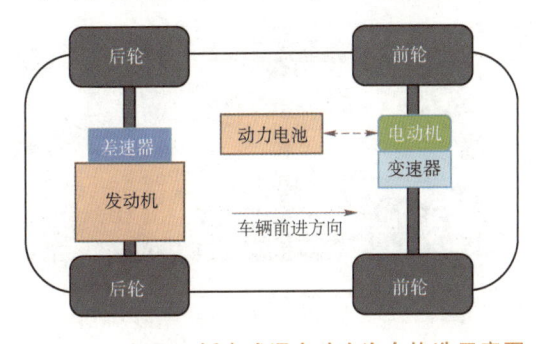

图 5-49　宝马 i8 插电式混合动力汽车构造示意图

图 5-50 宝马 i8 插电式混合动力汽车构造图

5.5.3 奔驰 S500 插电式混合动力汽车

奔驰 S500 插电式混合动力汽车的构造示意图如图 5-51 所示。该车型搭载一台 3.0 LV6双涡轮增压发动机和一台电动机，系统最大功率 325 kW，最大扭矩为 650 N·m。纯电动模式行驶距离超过 33 km，0~100 km/h 加速仅需 5.2 s，百公里油耗仅为 2.8 L。最高车速为 250 km/h，纯电模式时最高车速为 140 km/h。

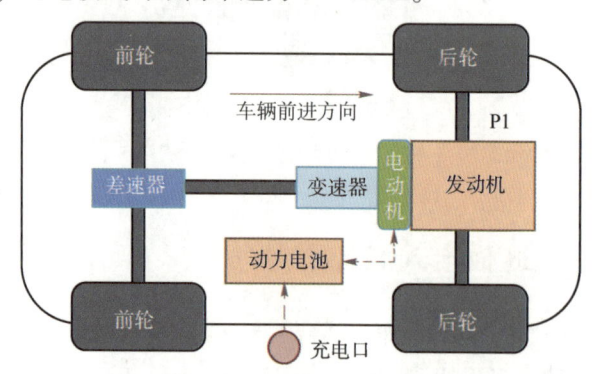

图 5-51 奔驰 S500 插电式混合动力汽车构造示意图

奔驰 S500 插电式混合动力汽车提供四种驾驶模式，包括"混合"（混合动力驾驶模式）"E-MODE"（纯电动驾驶模式）"E-SAVE"（给电池充电，但是电动机可以优先使用）和"充电"（电池充电、汽油机驱动模式），其实物图如图 5-52 所示。

图 5-52 奔驰 S500 插电式混合动力汽车

奔驰 S500 插电式混合动力汽车利用充电桩或墙上充电盒（400 V，16 A），可以在 2 h 内充满电，利用家用电压充电，则可以在 4 h 内充满电。

5.5.4　雪佛兰沃蓝达插电式混合动力汽车

2016 款雪佛兰沃蓝达（VOLT）插电式混合动力汽车是此车型的第二代，如图 5-53 所示，它配备了全新的 1.5 L 发动机，最大功率为 75 kW，发动机的主要作用是为车内的动力电池充电。

图 5-53　2016 款雪佛兰沃蓝达

锂离子电池的容量从原来 17.1 kW/h 增大到 18.4 kW/h，在 110 V 电压下需要 13 h 充满电，而在 220 V 电压下则只要 4.5 h 就可完成充电。雪佛兰沃蓝达配备两台电动机如图 5-54 和图 5-55 所示，当使用纯电动模式时可以行驶 8 km。雪佛兰沃蓝达在充满电并加满油的情况下，最大续驶里程为 644 km。

图 5-54　2016 款雪佛兰沃蓝达插电式混合动力汽车动力系统采用两个行星齿轮组

雪佛兰沃蓝达插电式混合动力汽车的 Voltec 混合动力系统一共有 5 种工作模式，详细工作过程如下：

1. EV 纯电动低速模式

分离离合器接合，离合器 1、离合器 2 分离，发动机停转。环齿轮被固定，电动机 1 推动太阳轮转动，行星架因太阳轮的转动而转动，把动力传输到减速齿轮并传递到车轮，如图 5-56 所示。

图 5-55 雪佛兰沃蓝达插电式混合动力汽车电动机

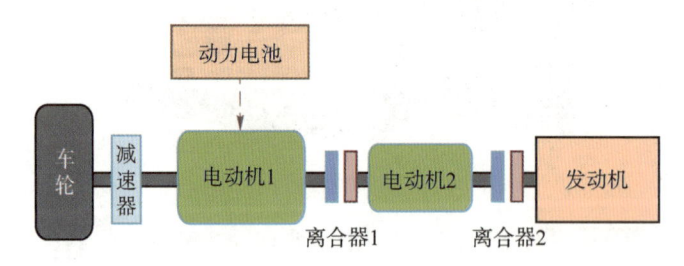

图 5-56 EV 纯电动低速模式：仅由电动机 1 驱动车辆

2. EV 纯电动高速模式

离合器 1 接合，分离离合器、离合器 2 分离，发动机停转。电动机 2 推动齿圈转动，电动机 1 推动太阳轮转动。环齿轮和太阳轮同时转动，带动行星架转动，把动力传到车轮，如图 5-57 所示。

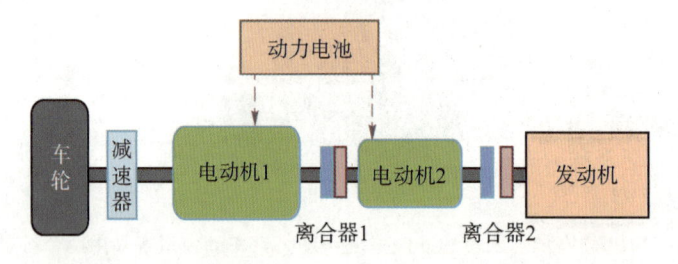

图 5-57 EV 纯电动高速模式：两台电动机共同驱动车辆

3. 增程式电动汽车的电动机低速模式

分离离合器、离合器 2 接合，离合器 1 分离，发动机运转并推动电动机 2 发电为电池充电，同时电池为电动机 1 供电推动太阳轮转动。由于环齿轮固定，行星架跟随太阳轮转动，把动力传到车轮，如图 5-58 所示。

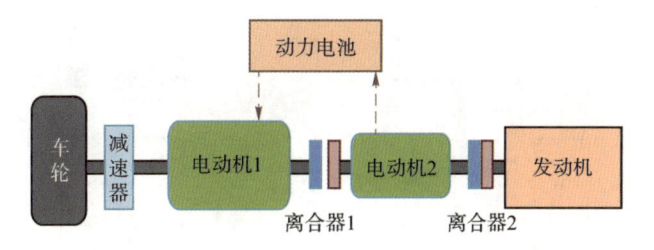

图 5-58 增程式电动汽车电动机低速模式：发动机电动机 2 为电池充电，电动机 1 驱动车辆

4. 增程式电动汽车的电动机高速模式

离合器 1、离合器 2 接合，分离离合器分离，发动机运转。此时，发动机与电动机 2 转子连接后推动环齿轮转动的同时还推动电动机 2 发电，电动机 1 推动太阳轮转动。齿圈和太阳轮同时转动，带动行星架转动，从而把动力传到车轮，如图 5-59 所示。

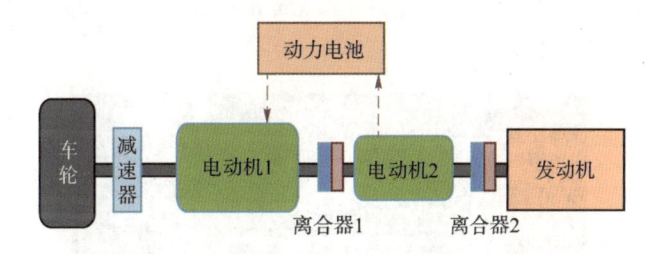

图 5-59 增程式电动汽车的电动机高速模式：发动机电动机 2 为电池充电的同时，与电动机 1 共同驱动车辆

5. 能量回收模式

分离离合器接合，离合器 1、离合器 2 分离，发动机停转。车轮带动行星架转动，由于环齿轮固定，太阳轮随着行星架转动，并带动电动机 1（作为发电动机发电对电池充电），如图 5-60 所示。

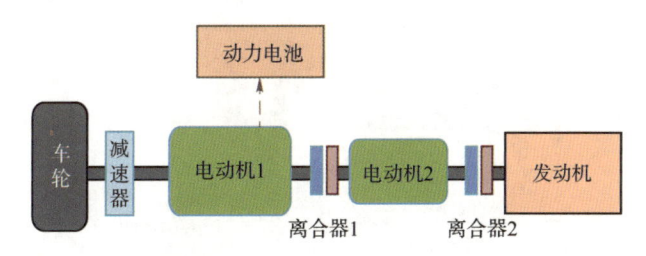

图 5-60 能量回收模式：电动机 1 充当发电机为电池充电

5.5.5 奥迪 Q7 e-tron 插电式混合动力汽车

从结构上看，奥迪 Q7 e-tron 2.0 TFSI quattro 插电式混合动力汽车与 Q7 相比，只是在发动机与变速器之间增加了一个混合动力模块，也就是一台电动机与一个分离离合器组合，外加一个锂离子电池和相关的控制器等，其构造示意图如图 5-61 所示。

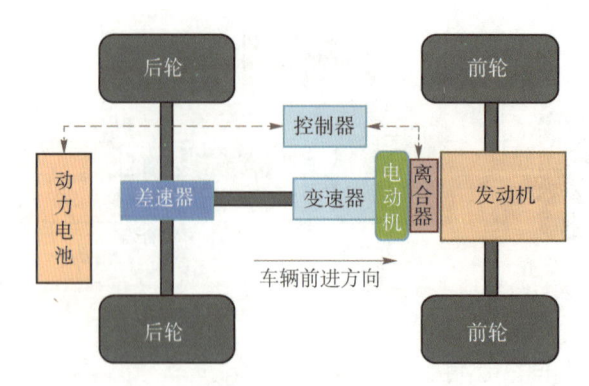

图 5-61　奥迪 Q7 e-tron 2.0 TFSI quattro 插电式混合动力汽车构造示意图

奥迪 Q7 e-tron2.0 TFSI quattro 插电式混合动力汽车配备四缸汽油发动机，最大功率 185 kW，峰值扭矩 370 N·m，整合在 8 速 Tiptronic 变速器中的盘形电动机最大功率为 94 kW，峰值扭矩高达 350 N·m。此车 0~100 km/h 的加速时间仅为 5.9 s，百公里油耗仅为 2.5 L，车外形如图 5-62 所示。

图 5-62　奥迪 Q7 e-tron 2.0 TFSI quattro 插电式混合动力汽车

奥迪 Q7 e-tron2.0 TFSI quattro 插电式混合动力汽车的纯电动续驶里程为 53 km，将电池充满电仅需 2.5 h，加满油并且充满电后的总续驶里程长达 1 020 km，其电池位置如图 5-63 所示。

图 5-63　奥迪 Q7 e-tron 2.0 TFSI quattro 插电式混合动力汽车电池位置

任务工单

学生姓名		组别		实训成绩	
任务描述	混合动力汽车的分类及区别					
学习目标	通过本任务的学习,能够对新能源混动汽车结构特点有一个初步的了解,能够掌握新能源混动汽车工作原理				
仪器设备	比亚迪秦、比亚迪 E5、吉利帝豪实训教学车辆、座椅三件套、翼子板布				

种类	结构	区别	工作原理

课后习题

一、填空题

1. 混合动力汽车是在特定的工作条件下,可以从两种或两种以上的_____、_____或_____中获取驱动能量的汽车。

2. 串联式混合动力车辆只有一种_____可以提供驱动力,_____车辆则不止由一种能量转化器提供驱动力。

3. 混合动力汽车按动力传输路线分类,可分为_____、_____和_____等三种。

二、选择题

1. 下面对比亚迪秦插电式混合动力汽车表述不正确的是（　　）。

   A. 整车尺寸为 4 740 mm×1 770 mm×1 480 mm

   B. 配备 1.5T 涡轮增压发动机

   C. 最大综合扭矩为 579 N·m

   D. 最高车速为 185 km/h

2. 下列不属于混合动力汽车分类的是（　　）。

   A. 合联式　　　　　　　　B. 串联式

   C. 并联式　　　　　　　　D. 混联式

3. 下列对荣威 e550 插电式混合动力汽车表述不正确的是（　　）。

   A. 轴距为 2 705 mm　　　　B. 整车质量为 1 699 kg

   C. 搭配 EDU 智能电驱变速器　D. 电池容量为 21.8 kW/h

三、问答题

1. 混合动力汽车按混合度分类可分为哪些？
2. 混合动力汽车的特点有哪些？

项目 6

燃料电池汽车

🚗 学习目标

1. 能够阐述燃料电池汽车的结构组成
2. 能够说出燃料电池汽车的发展历程
3. 能够写出燃料电池内部反应的化学方程式
4. 能够说出燃料电池汽车的工作原理
5. 能够举例介绍三款燃料电池汽车

🚗 能力目标

1. 能够写出燃料电池内部反应的化学方程式
2. 能够说出燃料电池汽车的工作原理
3. 能够举例介绍三款燃料电池汽车

🚗 素质目标

1. 具有法律意识、环保意识、安全意识
2. 具有严谨、规范、精益求精的大国工匠精神
3. 具有正确的劳动态度以及爱岗敬业、吃苦耐劳的精神
4. 培养技能救国、科技兴国的理念以及科技报国的国家情怀和使命担当

🚗 课时

12 课时

6.1 燃料电池汽车简介

6.1.1 燃料电池汽车概述

燃料电池汽车（FCV）是一种利用车载燃料电池装置产生的电力作为动力的汽车。燃料电池是一种把氢气和氧气反应的化学能直接转化为电能的设备，燃料电池装置所使用的燃料为高纯度氢气，通过氢气与空气中的氧气在催化剂的作用下产生电能，驱动汽车行驶。燃料电池是一种不燃烧燃料而直接以电化学反应方式将燃料的化学能转化为电能的高效发电装置，如图6-1所示。

图 6-1 燃料电池汽车

燃料电池汽车与普通电动汽车比较，其动力方面的不同在于燃料电池汽车用的电力来自车载燃料电池装置，电动汽车所用的电力来自由电网充电的蓄电池。燃料电池的反应不经过热机过程，因此其能量转化效率不受卡诺循环的限制，能量转化效率高。它排放的主要是水，非常清洁，不产生任何有害物质，被认为是 21 世纪理想的电技术之一。

6.1.2 燃料电池汽车的发展历程

1839 年，威尔士物理学家威廉·格罗甫首先发现了燃料电池的原理。

1889 年，蒙德和朗格尔以铂金为催化剂，以钻孔的铂为电流收集器组装出燃料电池，输出电压为 0.73 V，已经接近现代燃料电池了。

20 世纪 60 年代，燃料电池首次被应用在美国航空航天管理局（NASA）的阿波罗登月飞船上作为辅助电源，为人类探月做出了巨大贡献。

1959 年，培根制造出了能够工作的燃料电池——一部容量 5 kW 的焊接机。

1959 年，Allis-Chalmers 公司推出了第一部以燃料电池为能量源的农用拖拉机。

1973 年，爆发石油危机后，世界各国普遍认识到能源的重要性，燃料电池的研究重点从航天转向地面发电装置。

1993 年，加拿大 Ballard 电力公司推出了一辆零排放，最高时速为 72 km/h 的公交车，该车采用质子交换膜燃料电池为能量来源。

2008 年 4 月 3 日，波音公司成功试飞了一架以氢燃料电池为动力源的小型飞机。

21 世纪，全球汽车厂商致力于燃料电池研究，推出了很多燃料电池汽车，如丰田 Mirai、奥迪 A7 Sportback h-tron、奔驰 B 级、本田 Clarity 等，如图 6-2 所示。

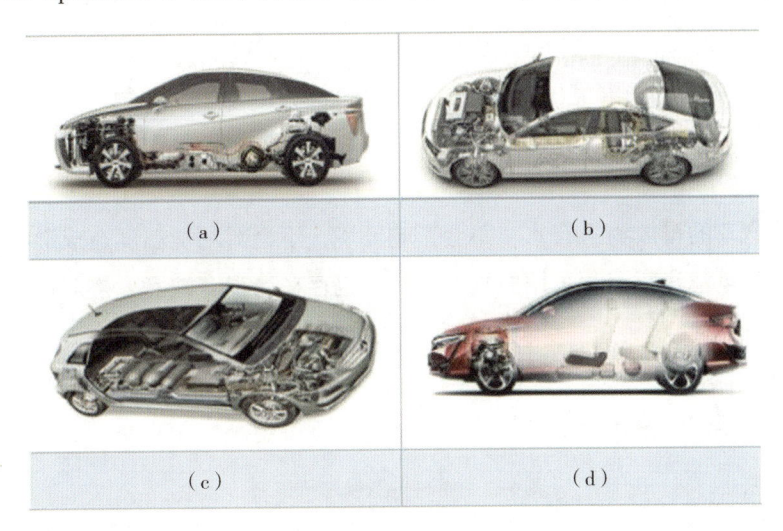

图 6-2 热门燃料电池汽车

(a) 丰田 Mirai；(b) 奥迪 A7 Sportback h-tron；(c) 奔驰 B 级；(d) 本田 Clarity

6.1.3 燃料电池汽车特点

燃料电池汽车与纯电动汽车有些类似，都是一种零排放、零污染的交通工具，但燃料电池与纯电动汽车也存在着许多差异，例如，能量来源、底盘布置等。燃料电池汽车的优点主要有如下四点：

1. 转化效率较高

由于燃料电池是由化学能直接转化为电能的，相比内燃机的燃烧作用不会产生大量废气与废热，转化效率可超过 50%。

2. 氢气加注时间短

相比于纯电动汽车的充电时间来说，燃料电池汽车加注氢气的时间很短，几乎与内燃机汽车添加燃油时间相当，为 3~5 min。

3. 续驶里程更远

燃料电池汽车的续驶里程比纯电动汽车更远，如表 6-1 所示。

表 6-1 燃料电池汽车续驶里程

车型	续驶里程（单位：km）
丰田 Mirai	650
本田 Clarity	700
奥迪 A7 Sportback h-tron	500

4. 零排放、无污染

燃料电池汽车的排放物只有水，不会影响环境，不会对环境温度造成影响。

当然，燃料电池汽车因为采用氢气为原料，也存在着很多缺点，燃料电池汽车的缺点主要有以下四点：

1）整车造价高昂

燃料电池汽车的价格如表 6-2 所示。

表 6-2 燃料电池汽车价格表

车型	价格（单位：万）
丰田 Mirai	￥35.7
本田 Clarity	￥44.0
奥迪 A7 Sportback h-tron	￥59.8

燃料电池汽车不仅价格昂贵，其原料氢气的价格也相对较高。经估算，给一辆汽车加满氢气需要花约 50 美元。这意味着，一辆燃料电池汽车的维护成本是普锐斯混合动力汽车的 2 倍，是电动汽车的 4 倍。加氢站的价格也比加油站和充电站的成本高很多。

2）氢气来源问题

氢气不像氮气和氧气是空气中的最主要组成元素，想得到氢气可以通过电解水，但这是个不太经济的方法，能量损失极大。此法先从电解水开始，耗费电能，产生氢气，氢气在发电过程中还会有能量损失。目前最好的电解水系统的能量转化率只有 80%，相对于电动汽车并不高效。

3）金属铂稀缺

在氢燃料电池发电的过程中会用到金属铂作为催化剂，这种金属产量小且价格昂贵，想要大规模生产氢燃料电池，铂就是瓶颈，而且完全没有规模化后成本减少的效应，反而需求越多就会越贵。

4）氢气的安全性

氢气为可燃气体，一旦泄漏会造成危险，因此需要储氢罐的密封性良好，并形成低温高压的空间，使其液化后能大量储存。

6.2 燃料电池汽车的结构原理

6.2.1 燃料电池汽车的结构

燃料电池汽车一般由燃料电池反应堆、储氢罐、蓄电装置（蓄电池或超级电容）、电动机和电控系统组成，如图6-3所示。储氢罐向燃料电池反应堆提供燃料氢气，氢气在燃料电池反应堆与氧气进行电化学反应，产生电能，将电能供给电动机使用，在电控系统的控制下驱动汽车行驶。

图6-3 燃料电池汽车的结构

当燃料电池汽车减速或制动时，回收的电能可以存储在蓄电池或超级电容中，传递给电动机，用来驱动车轮。

燃料电池汽车有很多种形式，目前的燃料电池汽车都设有电能储存装置，例如蓄电池或超级电容，可以在汽车减速、制动时进行能量回收，如图6-4所示。但是纯燃料电池汽车上没有储存电能的装置，如图6-5所示。

图6-4 燃料电池混合动力汽车构造示意图

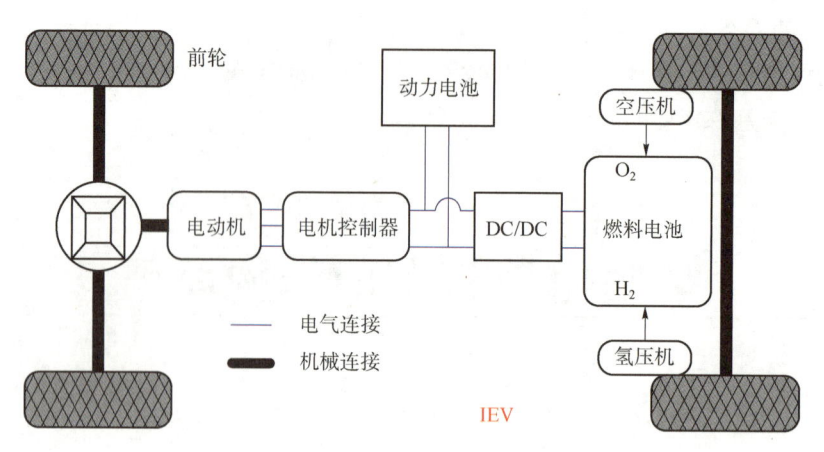

图 6-5　纯燃料电动汽车构造示意图

6.2.2　燃料电池汽车的发电原理

燃料电池是一种电化学装置，其组成与一般电池相同。燃料电池的单体电池是由正负两个电极以及电解质组成，负极即燃料电极、正极即氧化剂电极。不同的是一般电池的活性物质储存在电池内部，因此，限制了电池容量。而燃料电池的正、负极本身不包含活性物质，只是一个催化转换元件，因此燃料电池是名副其实地把化学能转化为电能的能量转换器。

燃料电池（以氢氧燃料电池为例）的发电原理是：电池的阳极（燃料极）输入氢气，氢分子 H_2 在阳极催化剂的作用下被离解成为氢离子 H^+ 和电子 e^-。氢离子 H^+ 穿过燃料电池的电解质层向阴极（氧化极）移动，电子因为不能通过电解质层而由一个外部电路流向阴极。在电池阴极输入氧气 O_2，氧气在阴极催化剂的作用下离解成氧原子，与通过外部电路流向阴极的电子和燃料穿过电解质层的氢离子 H^+ 结合生成结构稳定的水 H_2O，完成电化学反应放出热量，工作过程原理如图 6-6 所示，化学方程式如下：

负极：$H_2 + 2OH^- \rightarrow 2H_2O + 2e^-$

正极：$1/2O_2 + H_2O + 2e^- \rightarrow 2OH^-$

电池反应：$2H_2 + O_2 = 2H_2O$

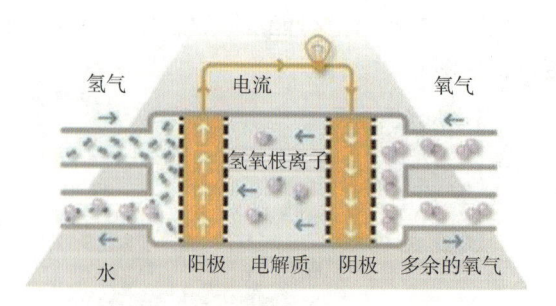

图 6-6　单体燃料电池的工作原理

这种电化学反应与氢气在氧气中发生剧烈燃烧反应是不同的，只要阳极不断输入氢气，阴极不断输入氧气，电化学反应就会持续进行，电子就会不断地通过外部电路流动形成电流，从而连续不断地向汽车提供能量。

6.3 各品牌燃料电池汽车图解

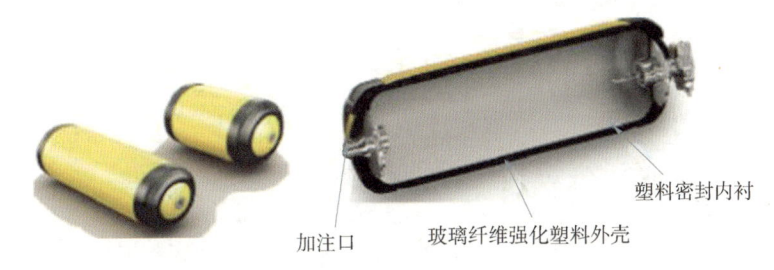

6.3.1 丰田 Mirai 燃料电池汽车图解

2015 年东京车展上，丰田汽车推出了 Mirai 燃料电池汽车，到目前为止，丰田 Mirai 已经成为世界上真正量产销售的第一款燃料电池汽车，如图 6-7 所示。

图 6-7　丰田 Mirai 燃料电池汽车

丰田 Mirai 燃料电池汽车有两套电池，一套位于车辆中部，为高分子电解质燃料电池组，负责氢气和氧气在催化剂的作用下产生电能。另一套电池位于车辆尾部，用于存储燃料电池产生的电能，为车内电气设备供电并保障车辆低速时的运行，还用来存储车辆动能回收产生的电能，车辆构造如图 6-8 所示。

图 6-8　丰田 Mirai 燃料电池汽车构造图

丰田 Mirai 燃料电池汽车搭载两台高压储氢罐，可容纳 50 kg 的氢燃料，储氢罐材料为碳纤维凯夫拉复合材质，压强可达到 70 MPa，其强度甚至可抵挡轻型武器的攻击，结构如图 6-9 所示。

图 6-9　丰田 Mirai 燃料电池汽车储氢罐结构

丰田 Mirai 燃料电池汽车在整车性能方面也是不甘示弱，燃料电池最大输出功率为 114 kW，功率输出密度为 3.1 kW/L，续驶里程为 650 km。动力方面配备了一台交流同步电动机，最大输出功率为 113 kW，峰值扭矩达到 335 N·m，其动力性能与 2.0 L 排量涡轮增压发动机相当。

6.3.2 奥迪 A7 Sportback h-tron quattro 燃料电池汽车图解

在 2014 年洛矶车展上，奥迪正式发布了 A7 Sportback h-tron quattro 概念车。新车外观与普通版 A7 相似，并搭载氢燃料电池动力系统，如图 6-10 所示。

图 6-10　奥迪 A7 Sportback h-tron quattro 燃料电池汽车

奥迪 A7 Sportback h-tron quattro 燃料电池汽车有两个电池，分别位于前机舱与车尾。位于前机舱的为燃料电池，由 300 多个单体电池组成，总电压为 230~360 V；位于车尾的动力电池可以通过外接电源进行充电，也可以储存燃料电池的电能和制动减速时回收的动能，容量为 8.8 kW·h，可以为车辆提供 50 km 的续驶里程。另外奥迪 A7 Sportback h-tron quattro 燃料电池汽车配备两个输出为 85 kW 的电动机，这套系统的最大功率为 230 hp，最大扭矩为 540 N·m，其 0~100 km/h 加速仅为 7.9 s，极速可以达到 180 km，使用氢气作燃料时，每千克氢气可以行驶 100 km，纯电动模式时可行驶 50 km。而总续驶里程可以达到 500 km，其结构图 6-11 所示。

图 6-11　奥迪 A7 Sportback h-tron quattro 燃料电池汽车结构图

6.3.3 奔驰 B 级燃料电池汽车图解

奔驰 B 级燃料电池汽车是奔驰推出首款量产的燃料电池汽车，其结构如图 6-12 所示。

该款车型的续驶里程达到了 400 km，而每次充满燃料仅需要 3 min。奔驰 B 级燃料电池汽车提供一台功率为 100 kW 的电动机，动力性可与 2.0L 汽油发动机相媲美，能够轻松产生 290 N·m 的最大扭矩。在欧洲的油耗及排放评定标准（NEDC）测试中奔驰 B 级燃料电池每百公里的耗电量仅相当于 3.3 L 柴油油耗。

图 6-12　奔驰 B 级燃料电池汽车

奔驰 B 级燃料电池汽车的结构如图 6-13 所示，其主要驱动系统包括以下部件：

图 6-13　奔驰 B 级燃料电池汽车的结构图

（1）小型燃料电池堆。
（2）高效的锂离子电池。
（3）三个 70 MPa 储氢罐。
（4）一个前轴电动机。

奔驰 B 级燃料电池汽车也有动能回收的功能，当驾驶人制动或将脚从加速踏板抬起时，电动机将动能转化为电能，并将电能储存在电池内。在短途行车中，主要使用锂离子电池提供能量，当锂离子电池电量不足时，系统将自动切换至燃料电池，延长车辆的续驶里程。

6.3.4　本田 Clarity 燃料电池汽车图解

2015 年 10 月本田汽车在东京车展上发布了一款全新的氢燃料电池汽车 Clarity，如图 6-14 所示。新车在日本正式上市销售后，新车售价为 766 000 日元起，约合人民币 43.8 万元。

图 6-14 本田 Clarity 燃料电池汽车

本田 Clarity 所搭载的氢燃料电池设计更为紧凑，续驶能力更强，如图 6-15 所示。电能由氢氧电化学反应的燃料电池组提供，交流电动机提供 130 kW 的最大功率，最高续驶里程将突破 600 km。另外本田在 2017 款 Clarity 上的燃料电池使用了碳纤维的保护壳，并将其嵌在车架中，用来在发生碰撞时起保护作用。

图 6-15 本田 Clarity 燃料电池汽车结构图

本田在 Clarity 上用了一套最新的燃料电池电压控制单元（FCYCU），电压控制单元使用了四相位驱动（Four-phase Drive）技术，基于四相位的碳化硅集成模块（SiC-IPM），但是将其错开 90°，消除电流转换产生的电流波动，使过程引起的波纹电流最小化，减小原本为了缓和波纹电流所需要的电容量，也就可以使用更小的电容。

6.4 燃料电池应用存在的问题与发展前景

6.4.1 燃料电池应用存在的问题

在不同的应用领域，燃料电池的应用都存在着不同的问题。总的来说，阻碍燃料电池商品化和广泛应用的主要原因如下：

价格方面：降低造价是燃料电池发展的最大关键，亦是决定能否商业化的综合指标。燃料电池的价格比较昂贵，目前最先进的燃料电池系统的价格相当于太阳能发电系统的价格。

维护方面：燃料电池的维护与其他的发电装置有很大的不同，目前这方面的专业维护人员可以说非常少。燃料电池发生故障之后往往需要运回生产基地进行维修,目前还无法做到现场更换电池堆。

燃料问题:燃料电池对燃料非常挑剔,例如碱性燃料电池原则上需要纯氧和纯氢作为燃料,因此往往需要非常高效的过滤器,而且需要经常更换。

技术问题:燃料电池进入商业化的时间还很短,可以说还是一种尚未成熟的技术。譬如熔融碳酸盐燃料电池(MCFC),由于电解质的流失以及腐蚀问题,使其寿命很难突破4万h。如果燃料电池价格能够有所降低并且经过一段时间使其趋于成熟,它将以其高效、清洁、安静等综合优势成为各种分散式发电技术中最优的技术之一。当然,在不同的应用领域还存在影响其推广的特定原因,例如在氢燃料电池汽车上,其问题就比较复杂。

1. 氢气的存储和运输问题

通常在常温、一个标准大气压下,由于密度的不同在相同的质量下汽油所占的空间仅仅为氢气空间的几千分之一,所以说在相同的质量下,氢气所占的体积远远大于汽油,所以说氢气的储存和运输就会有很大的困难。因此,储存氢气时必须给氢气加压使其体积减小,当储存压力为200大气压时,这样存储体积就大大减小,但是体积为同质量汽油的30~40倍。所以必须在给氢气加压把气体的氢变为液体,这样就会使氢的运输变为可能,但是这样压力巨大对液氢的运输也提出了很大的要求,在现有的技术下液氢运输车的容器已能承受345个大气压。

2. 液氢的存储、消耗和蒸发问题

液氢的储存有很大的难题,第一技术难题就是氢气向液氢的转化过程中要消耗很大的能量,在这一个过程中氢气液化为液氢所消耗的能量占总氢能的30%。第二个技术难题是液氢储存时会散热,因为液氢的储存罐内和外界的温差巨大,所以液氢会有很严重的蒸发状态,如果液氢长期保存而不使用,那么液氢就会有一大部分因为蒸发而损耗。

3. 存储的安全性及效率

由于液氢储存时压力巨大,所以会带来很大的安全问题,并且在氢气向液氢的液化这一过程会消耗一些能量,这样就降低了系统的效率。由于罐内和罐外的巨大温差,罐内的液氢会吸热导致蒸发,进而损失一部分能量,液氢由于蒸发吸热变为气体后,会导致液氢储蓄罐的压力升高,形成隐患。为了避免压力过高而造成危险,所以必须在一定的时间要把液氢储存罐的气体排出,从而造成燃料的浪费甚至发生事故。

4. 供给氢燃料的设备

目前氢燃料电池电动汽车所需要的氢燃料的量很大,可是供给氢燃料的设备很紧缺,不能满足现有汽车对氢燃料的需求。

6.4.2 燃料电池技术的前景

目前影响燃料电池商业化的关键问题是制作成本太高。磷酸燃料电池(PAFC)和质子交换膜燃料电池(PEMFC)是近期最有希望商业化的两种电池。如影响PEMFC的制作成本主要集中在电极、电解质膜、电极板等三方面。如何有效地降低铂的用量、开发廉价的新型

催化剂是燃料电池开发研究中的一个重要方向。我国中科院应用化学研究所和清华大学在这方面正在进行大量的研究工作。在燃料电池所用燃料的选取、车载、储存、安全等方面也有许多工作要做。现在较多的是以纯氢作为燃料，由于氢气的高危险性，如何方便有效地车载、储存、灌充还存在许多障碍。稀土材料吸氢技术已较为成熟，我国稀土资源较为丰富，在此方面应有较好的发展潜力。利用碳纳米材料储氢效率更高，但目前仍停留在实验阶段。另外，需要建立新的灌充网络，巨大的基建投入也制约了它的应用。间接甲醇燃料电池（IMFC）由于克服直接用纯氢作燃料所带来的许多问题，使其更可能成为未来燃料电池电动车的首选电源，特别是像我国这样经济基础相对较弱的发展中国家，应把 IMFC 的研制开发提升到一个应有的高度。随着燃料电池关键技术不断地得以解决，以及各种燃料电池的应用，特别是质子交换膜燃料电池（PEMFC）电动车必将在不久的将来，步入人们的日常生活。

课后习题

一、填空题

1. 采用_____作为电源的电动汽车称为燃料电池电动汽车。
2. 按燃料的来源方式，燃料电池汽车可分为_____和_____。
3. 混合式燃料电池电动汽车的动力系统主要由_____、_____、_____、_____和动力电控系统等组成。

二、选择题

1. 下列不属于混合式燃料电池汽车的动力系统组成的是（　　）。
   A. 燃料电池发动机　　　　B. 辅助动力源
   C. DC/DC 转换器　　　　　D. 汽油发动机
2. 下列不属于电动机的是（　　）。
   A. 直流电动机　　　　　　B. 永动机
   C. 交流电动机　　　　　　D. 开关磁阻电动机
3. 下列不属于 DC/DC 转换器功能的是（　　）。
   A. 调节车辆速度　　　　　B. 调节燃料电池输出电压
   C. 调节整车能量分配　　　D. 稳定整车直流母线电压
4. 下列不属于车载制氢材料的是（　　）。
   A. 乙醇　　　　　　　　　B. 汽油
   C. 柴油　　　　　　　　　D. 甲烷
5. 下列对金属储氢表述错误的是（　　）。
   A. 易粉化　　　　　　　　B. 充放氢速度慢
   C. 价格便宜　　　　　　　D. 传热效果不佳

三、问答题

1. 简述燃料电池汽车动力系统的组成。
2. 简述燃料电池汽车的特点。

项目 7

新能源汽车的驾驶与维护

🚗 学习目标

1. 能够简述新能源汽车的驾驶注意事项
2. 能够独自为新能源汽车充电
3. 能够规范地为新能源汽车做日常的维护保养

🚗 能力目标

1. 能够独自为新能源汽车充电
2. 能够规范地为新能源汽车做日常的维护保养

🚗 素质目标

1. 具有法律意识、环保意识、安全意识
2. 具有严谨、规范、精益求精的大国工匠精神
3. 具有正确的劳动态度以及爱岗敬业、吃苦耐劳的精神
4. 培养技能救国、科技兴国的理念以及科技报国的国家情怀和使命担当

🚗 课时

12 课时

7.1 新能源汽车的驾驶注意事项

7.1.1 新能源汽车的使用

首先,要认真阅读新能源汽车的《使用手册》里面有关新能源汽车的特殊配置、驾驶和使用的注意事项,以及出现问题时的处理办法等。其次,要明白新能源汽车与传统的内燃机汽车有很多不同,包括驾驶方法和维修保养的特殊性,不可按照对待内燃机汽车的方法对待新能源汽车。例如:第一,新能源汽车行驶时噪音极小,遇到行人时要多加注意;第二,新能源汽车比较怕水,在雨雪天气使用时要更加注意;第三,注意从仪表盘观察续驶里程、动力性能等,如果感觉出现不正常现象,如续驶里程突然缩短、动力性能衰弱等,要及时到4S店进行检查。

7.1.2 新能源汽车的起动与驾驶

(1) 确认车辆换挡杆处于"N"挡位置。
(2) 钥匙转到"ON"挡,仪表盘全部点亮,低压接通。
(3) 钥匙转到"START"挡后松开,仪表盘上"READY"绿灯点亮,此时电池组高压接通,车辆进入可以行驶状态。
(4) 右脚踩下制动踏板,换挡杆由"N"挡换至"D"挡。
(5) 检查液晶显示屏中显示"D"。
(6) 放下驻车手柄。
(7) 右脚松开制动踏板,然后轻踩加速踏板,车辆开始行驶。
(8) 如果需要加速,右脚均匀用力,逐渐踩下加速踏板;如果需要匀速行驶,加速踏板保持在某一开度即可。
(9) 如果需要制动,右脚踩下制动踏板,完成制动。
(10) 如果需要倒车,右脚踩下制动踏板,待车辆停稳后,先将换挡杆置于"N"挡,再将换挡杆置于"R"挡,右脚松开制动踏板,轻踩加速踏板,完成倒车,新能源汽车换挡杆类型如图7-1所示。

图7-1 新能源汽车换挡杆类型

⚙ 7.1.3　新能源汽车的驾驶注意事项

（1）若将钥匙转到"START"挡后松开，仪表盘上的"READY"绿灯不点亮，则需要停止起动过程，约 3 s 后再重新起动。

（2）行驶前，检查组合仪表上显示的电量，确认电池当前剩余电量是否可以满足行驶需求，若当前电量不足，请及时充电。

（3）起动车辆前请确认旋钮处于"N"挡位置。

（4）点火后检查仪表是否有故障报警灯亮起，若有，须及时处理。

（5）起步时尽量缓速起动，避免油门过大导致动力系统保护措施起动。

（6）在"READY"状态且换挡杆置于"D"挡或"R"挡时驾驶员切勿离开自己的座位。若此时不得不离车，务必拉起驻车手柄，并将换挡杆置于"N"挡位置。

（7）汽车在行驶期间切勿从点火开关中拔出钥匙。

（8）禁止在换挡的过程中踩下加速踏板，避免驾驶员失去对车辆的控制，等到换挡完成后方可通过踩下加速踏板使车辆正常行驶。

（9）随时通过观察前方组合仪表上显示的挡位信息，确认挡位信息是否为期望的挡位信息。

（10）离开车子时，请关闭点火开关，使高压系统断开。

（11）请勿同时踩下制动踏板和加速踏板。

（12）行驶过程中，如果组合仪表上充电状态指示灯点亮，车辆应尽快充电，不得继续行驶。

（13）当车辆在雨中出现故障或事故时，请勿打开前机舱盖。

（14）尽量避免车辆涉水行驶，如必须进行涉水，则最大涉水深度不得超过底盘高度。

（15）驾驶新能源汽车时，请遵守交通法规。

7.2　新能源汽车的充电

⚙ 7.2.1　充电方式

1. 常规充电

常规充电方式采用恒压、恒流的传统充电方式对新能源汽车进行充电。用相当低的充电电流为动力电池充电，电流大小约为 15 A。以 120 Ah 的蓄电池为例，充电时间要持续 8 h 左右，如图 7-2 所示。

目前，部分市售新能源汽车配备了便携式充电设备，随车搭配的便携式充电设备允许的电流多为 10 A 或 16 A，利用这些便携式充电设备就可以使用家中的插座进行充电，不过需要注意的是，家中的插座也有 10 A 和 16 A 的区分，空调所用插座一般为 16 A，其余大部分用电器的插座是 10 A，不同的电流会对新能源汽车充电时间产生一定的影响。

图 7-2　新能源汽车慢充充电桩

另外，新能源汽车用户也可以到专用充电站、充电桩进行充电。交流充电桩设置在街边、超市、办公楼、停车场等处。新能源汽车驾驶员只需将车停靠在充电站指定的位置上，接上电线即可开始充电。计费方式是投币或刷卡，如图 7-3 所示，采用三相四线制 380 V 供电或单相 220 V 供电。一般充电时长为补电 1~2 h，充满 5~8 h（SOC 达到 95%以上）。

图 7-3　新能源汽车充电卡

2. 快速充电

快速充电方式以较高的充电电流在短时间内为蓄电池充电，如图 7-4 所示，与常规充电方式相比安装成本较高。快速充电也可称为迅速充电或应急充电，其目的是在短时间内给新能源汽车充满电，大型充电站多采用这种充电方式。快速充电方式主要针对长距离旅行或需要进行快速补充电能的情况进行充电，充电桩功率很大，采用三相四线制 380 V 供电，如图 7-4所示。一般充电时长为 10~30 min。不过需要注意的是，快速充电时，短时间内电池会承受较大电流的"冲击"，因此会导致电池出现过热现象，会对电池寿命产生一定影响。

图 7-4　新能源汽车快速充电方式

3. 无线充电

上面所讲的充电方式中，无论是常规充电方式，还是快速充电方式，都会受到"线的羁绊"，充电装置和充电时使用的线路令其多少会受到场地的制约，无线充电则在一定程度上解决了这个问题。

图 7-5　无线充电方式

主流的无线充电方式主要有两种：电磁感应式和磁场共振式，如图 7-5 所示，其优缺点如表 7-1 所示。

表 7-1　主流无线充电方式的优缺点

主流无线充电方式	电磁感应式	磁场共振式
优点	能量转换效率高	一对多充电、无须精准对位
缺点	供电距离近（0~10 cm）、一对一充电	传输损耗高
应用代表	宝马、奔驰、奥迪、沃尔沃、比亚迪	丰田、高通

电磁感应式：这种技术通过两个线圈供电。充电基站一侧的线圈产生一个振动的磁场，相应衍生出一个交变电流，被待充电端设备上的线圈接收。

磁场共振式：磁共振技术同样采用了松散耦合的线圈排列来产生可以用的电磁场，但它同时可以调整振荡频率以精确匹配发射器和接收器。与电磁感应技术中的紧密耦合相比，磁共振技术增加了传输距离，但由于线圈之间的耦合松散，导致电能传输不理想。

4. 更换电池

除了以上三种充电方式外，还可以采用更换动力电池的方式，即在动力电池电量耗尽时，用充满电的动力电池更换已经耗尽的动力电池。动力电池的样式如图 7-6 所示。动力

图 7-6　新能源汽车动力电池

电池归服务站或电池厂商所有，新能源汽车用户只需租用动力电池。新能源汽车用户把车停在一个特定的区域，然后用专用机械将耗尽的动力电池取下，换上已充满电的动力电池。对于更换下来的未充电动力电池，可以在服务站充电，也可以集中收集起来以后再充电。由于电池更换过程包括机械更换和动力电池充电，因此有时也称为机械"加油"或机械充电。电池更换站同时具备常规充电站和快速充电站的优点，也就是说可以用低谷电给动力电池充电，同时又能在很短的时间内完成"加油"过程。通过使用机械设备，整个电池更换过程可以在 10 min 内完成，与现有的内燃机汽车加油时间大致相当。

不过，这种方法还存在不少问题。首先，这种电池更换系统的初始成本很高，其中包括昂贵的机械装置和大量的蓄电池；其次，由于存放大量未充电和已充电的蓄电池需要很多空间，因此修建一个蓄电池更换站所需空间远大于修建一个常规充电站或快速充电站所需的空间；第三，在蓄电池自动更换系统得到应用之前，需要对蓄电池的物理尺寸和电气参数制定统一的标准。

7.2.2 充电时间

目前国内正在大力发展纯电动汽车，随着政府政策的大力推动，相信在不久的将来，纯电动汽车会离我们越来越近。纯电动汽车充电方式一般分为快速充电和慢速充电两种方式。快速充电可以在短时间内将动力电池进行快速补电，慢速充电的电流比较小，充电时间较长，是最为常规的充电方式。

快充和慢充是相对概念，一般快充为大功率直流充电，半小时可以充满动力电池 80% 的容量，慢充为交流充电，充电过程需 6~8 h。新能源汽车充电快慢与充电机功率、电池充电特性和温度等紧密相关。当前技术水平即使快充也需要 30 min 充电到动力电池容量的 80%，超过 80% 后，为保护电池安全充电电流必须变小，充到 100% 的时间将较长。

那么国内新能源汽车充电时间是怎样的呢？详情如表 7-2 所示。

表 7-2　常见新能源汽车的充电时长与续驶里程

车型	慢充时间（h）	快充时间（h）（80%电量）	续驶里程（km）
北汽 E150 EV	8	1	150
江淮和悦 iEV4	8	1	180
比亚迪 e6	15	1.5	300
奇瑞 eQ	8~10	1.2	200
腾势	10	1.5~2	352
荣威 E50	6~8	1	170
启辰 e30	6~8	1	150

7.2.3 充电步骤及注意事项

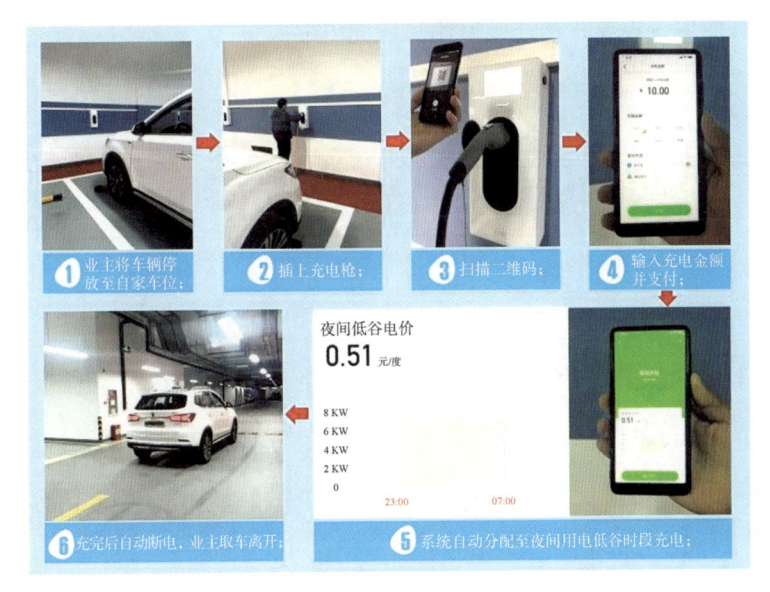

1. 家用单相交流慢速充电

家用单相交流慢速充电步骤如图 7-7 所示。
（1）打开充电口盖板和充电座防尘盖，确认充电座防尘盖和充电枪枪口颜色一致。
（2）将车端充电枪与车身上的充电座相连，直到听到"咔"的响声。
（3）将供电端（桩端）充电枪与充电柱上的充电座连接。
（4）充电结束后，将供电端充电枪和车端充电枪均拔出。
（5）盖好供电端充电枪和车端充电枪的防尘盖。

图 7-7　家用单相交流慢速充电步骤

2. 交流充电桩慢速充电

（1）打开慢充充电盖板开启手柄，掀开慢充口盖及慢充口盖板。
（2）打开充电柱电源口盖板，把电缆插到充电桩上。
（3）把充电线缆插到车身充电口上。
（4）把充电卡插入充电桩卡口。
（5）开始充电。

3. 直流充电桩快速充电

（1）将车辆停至直流充电桩指定停车地点，关闭点火开关，将点火钥匙取下。
（2）打开充电口盖板，松开快充充电插座塑料卡扣，打开塑料盖。
（3）将直流充电桩用充电枪与车身上的快速充电端口相连接。
（4）把充电卡插入充电桩卡口。

(5）开始充电。

4. 充电操作注意事项

（1）充电前应确认车辆高压系统无故障。
（2）充电过程中不允许起动车辆。
（3）车辆附近不允许有易燃易爆物品。
（4）在家用慢充充电时要确定电路上的额定电流及用电器的总功率。
（5）充电前应检查充电电缆的情况。
（6）当充电接口有水时须注意检查充电接口内部。
（7）发生故障时应通知相关负责人，不允许擅自维修。
（8）充电时如有条件应建立警示标志。
（9）不允许使用线板或线捆连接家用高压充电器。

7.3 新能源汽车的日常维护保养

7.3.1 新能源汽车的日常检查

为了确保行车安全，延长零部件及车辆使用寿命，新能源汽车用户应当做好新能源汽车的日常维护工作。日常维护主要以清洁、补给、安全检查为作业中心内容。

1. 每日检查

（1）灯光、喇叭、转向灯、雨刮器、清洗装置和警告灯的功能。
（2）安全带和制动的功能。
（3）检查车身底部是否有泄漏液体的残留痕迹。

2. 每周检查

（1）冷却液液位。
（2）制动液液位。
（3）挡风玻璃清洗剂的液位。
（4）轮胎气压和状态。
（5）操作空调器。

3. 新能源汽车周期维护保养

（1）每行驶 1 000 km 后的保养内容：完成每日保养内容，检查蓄电池是否合格，检查电气系统各部绝缘值是否符合规定要求。

（2）每行驶 3 000 km 后的保养内容：完成每日保养内容，紧固全车的各紧固件，尤其注意检查并紧固好转向拉杆，前、后桥悬挂，电动机、传动轴、制动等系统的紧固件。进行轮胎换位，检查真空泵和助力转向系统。

（3）每行驶 6 000 km 后的保养内容：完成每日保养内容，清洗、润滑各车轮轮毂轴承，并调整松紧度，检查调整前束值，检查调整各制动蹄片的间隙。

（4）每行驶 12 000 km 后的保养内容：完成每日保养内容，检查真空泵工作情况，检查转向系统工作情况，检查牵引电动机等电器部分，并检查电线的紧固情况和各部位的绝缘情况。

7.3.2 动力电池的维护与保养

1. 定期检测

（1）要检查电池组，要通过清理电池组盖与电柱级，避免其出现灰尘等杂物。如果在检查过程中发现其表面覆盖杂物或者污染物，要利用压缩空气法提高表面的清洁度。应该保证电池组外壳完整，避免出现形变、裂纹等问题。同时应该加强托盘与电池盖的密封性，只有加强电池与车身的连接性，才能加强电池的稳定性。

（2）要检测电池的连接状况，应该保证极柱连接安全、稳定，避免出现腐蚀等问题。并且要保证单体电池连接点与电池组温度导电带等部件碰触安稳，避免出现形变、松动等问题。在充电时，其插座与插头接触必须安全，不能出现脱落等情况。

（3）要检测漏洞，通常情况下，为了保证电流稳定，其锂电子电池组的电压会稳定在 300 V，因此必须电池满足绝缘要求。同时还要坚持日常维护，因为如果电池被频繁更换与充电，会缩短其使用时间，提高故障率，所以应该通过专业的维修养护机构修复动力电池。要坚持日常维护、检测，也要制定管理方案，要根据电池的实际应用情况，进行升级与修复。其主要内容是，检测电压、电池箱连接器等，要及时记录检测和维修情况，避免频繁检修和更换，以此降低维修成本。

2. 避免紧急加速

在新能源汽车起动、载人时，如果通过动力电池进行紧急加速，动力电池会因为大量放电而出现硫酸铅结晶等问题，从而影响动力电池的物理性能。并且如果突然降速，驾驶者一定要首先考虑动力电池故障问题，所以一定培养正确的驾驶习惯，避免紧急加速。

3. 保证充电器安全

保护充电器想要提高动力电池维护与保养工作的效果，必须提高对充电的重视程度，因为一般情况下，市场上的充电器都缺乏高耐振动处理性能，所以其在维修过程中会出现很多问题。如果在强烈的振动下导致充电器中的电位器出现位移等问题，就会影响充电效果。因此如果想要保护动力电池，必须保护充电器。

4. 降低生产成本

根据上文可知，我国新能源动力电池研发时间比较晚，所以企业的核心技术主要来自发达国家，尤其是在关键零部件生产领域。从我国实际发展情况分析可知，我国如今已经在零件自主研发领域产生一定成就，虽然相比于发达国家仍有一定发展空间，需要重视零件质量和功能。但是我们拥有价格优势，所以在提高购买量的过程中，也要保证动力电池的功能、延长其使用时长，降低后续养护和维修的成本，以此激发人们的购买热情，提升企业经济利润。

5. 培养电池技术人才

无论在何领域，想要提高发展水平，促进其持续发展，必须拥有专业的技术人才。因此在研究新能源动力电池时，必须培养专业的电池技术人才。提高其性能的过程中，还能缩短维修养护的时间、减少成本、降低难度。所以要为电池人员引进先进、丰富的电池知识，还要培训新能源汽车知识，并且要提高其解决问题的能力。如今我国缺少此类人才，所以导致电池技术发展缓慢，维修养护耗费巨大。所以要为这些人才提供更多实践机会，加强理论和技术的融合性，致力于发展养护、维修技术。

7.3.3 电动机的维护与维修

1. 电动机的维护

新能源汽车的保养最重要的是通过制定完整的维修保养规划对新能源汽车的部件（主要是电动机）进行定期与不定期交叉维护，从而最大限度地保证新能源汽车行驶的安全。目前根据国产新能源汽车的保养方案，新能源汽车一般分为 A 级保养计划和 B 级保养计划，两种保养计划需要间接交替进行，并且两种保养计划均涵盖了对电动机的保养和维护。A 级保养俗称整车保养，当新车累计行驶里程达到 7 500 km 或者 10 000 km 时做一次保养；B 级保养也称非整车保养，主要是按照项目套餐对新能源汽车进行有针对性的零部件保养（比如单独进行的电池保养、线路保养、轮胎保养等）。两种保养方式通常都是按照行驶里程作为参考依据划分保养周期的。对于极端环境情况，比如东北地区极端低温，或者海南地区极端高温条件下使用的车辆，还需要添加不定期保养，具体的维护保养方法如下：

（1）日常的维护与保养。对电动机的日常保养主要分为以下四道工序：第一道工序为清洁工序，主要清洁电动机表面、线路之间的污垢（由于电动机的静电效应极易沾染污垢），在清洁过程中检查有无破损之处；第二道工序是紧固工序，用装有压力表的紧固螺丝刀，对表面螺丝压力进行测试，紧固压力过小的螺丝，调松压力过大的螺丝（防止由于压力过大导致断裂）；第三道工序是检查工序，检查紧固螺丝扣的电动机有无发生外观形变、破损、锈蚀、异响、排线有无老化等故障；第四道工序是补充工序，对于缺失的绝缘液和冷却液要进行必要的补充。

（2）定期的维护与保养。电动机的定期维护包括电路检查、过载检查、冷却系统检查等。电路检查主要是检查电路有无破损、老化、短路、断路，其主要方法是将电动机增量编码器（也叫 U/V/W 编码器）的旋变钮拧开，用绝缘电阻表检测，当电压为 1 000 V 时，电阻值大于或等于 500 Ω/V 特为合格。过载检查主要是检查电动机的荷载能力，方法是对电动机过电，通过升压的方式观察仪表上的功率提升曲线是否平滑。冷却系统检查主要是检查电动机与电动机控制器冷却液循环制冷效果,具体方法是捏紧冷却液管使其水道内部阻力增大,使冷却液泵转速变小声音发生变化,如无声音变化则水道内冷却液没有循环,需放气。

(3) 不定期的维护与保养。除了定期与日常的技术维护外,由于电动汽车对使用环境依赖程度很高,因此针对不同环境还要进行不定期的维护与保养。比如我国南方潮湿就应当加大监测湿度对于电动机的影响并做好维护和保养,再比如广东夏天炎热,就需要考虑高温对电动机的影响,做有针对性的维护与保养。

2. 电动机故障维修

按照故障性质,电动机故障一般可分为电气原因故障和机械原因故障。电气原因故障的影响因素较多,而且因素之间影响较大,比较难判断;机械故障可通过异响、温度异常等外部特征进行判断。常见的故障原因和维修方法如下:

1) 常见的机械原因

机械故障比较容易判断,机械故障原因具体如下:

(1) 异响故障。比如在行驶或检测过程中,突然发现异响,一般为转子扫膛或者轴承磨损。检查转子扫膛主要通过塞尺来检查定子和转子之间的间隙,检查有无损坏的轴承,如果有的话,及时更换即可排除。

(2) 顿挫故障。比如在行驶过程中,车辆突然一顿一顿,所有仪表显示正常,则极有可能是电动机需要清理。

2) 常见的电气原因

故障维修影响电气故障的原因较多,而且不易排查,常见故障如下:

(1) 电动机间歇性转速过快的故障维修。比如开车过程中,突然发现扭矩突增或突降,扭矩控制失效,则极有可能是该原因。通过更换内部控制器即可解决。

(2) 电动机温度过高的故障维修。温度过高是电动机的常见故障,通常原因是由内部电阻突然增大导致的。具体表现为电动机控制器根据温度变化无法给予必要的调整,导致功率忽高忽低,主要的解决方式包括更换控制器和更换电动机。

(3) 电动机旋转变压器的故障维修。故障一般表现为电动机无法起动或转矩输出偏小。先检查控制器与电动机连接是否正常,如果异常,先行修复,如果还异常,则需要进一步检查解码电路,如果仍然异常,则需要更换旋转变压器。

(4) 电动机缺相的故障维修。故障一般表现为电动机停顿、噪音过大和电动机温度过高而报警,则大概率是由于电动机内部的霍尔元件(主要负责控制信号的传输)出现故障。每部电动机有三个霍尔元件,此类故障一般可以通过同时更换三个霍尔元件彻底解决。

7.3.4 新能源汽车的清洗

(1) 新能源汽车的清洗应按照正常洗车方法,但要注意,在清洗过程中应避免水流入车体充电插座,避免车身线路短路。

(2) 在以下情况下,将会引起油漆层的剥落或导致车身和零部件腐蚀,须立刻清洗车辆。

①在沿海一带行驶时。

②在撒有防冻剂的路面上行驶时。

③在沾有油脂等杂物时。

④在空气里含有大量灰尘、铁屑或化学物质的地区内行驶时。

（3）在进行新能源汽车的清洗时，应注意以下三点：

①车辆进行日常外观养护及机舱内清洁时，应首先关闭点火开关，并拔出钥匙。擦拭时不得使用潮湿的抹布接触高压部件，如充电机、高压盒和高压线束插头。有必要清洁时，应在关闭点火开关10 min后进行，并尽量单手擦拭。

②洗车时，使用高压水枪对车身表面、轮毂、轮胎进行冲洗不会造成触电、漏电等问题，但由于很多新能源汽车的快充口安装在前格栅处，因此，在洗车时应尽量避免用高压水枪直接对准前格栅冲。动力电池安装在车身的底部，高压水流的冲击可能会造成水渗入电池箱而影响绝缘，因此也应避免冲刷底盘。

③前机舱内布置了很多高压设备，因此禁止掀开前机舱盖进行冲洗，否则会造成高压部件各插件受潮，导致车辆出现绝缘故障，无法行驶。

7.3.5 常见问题及注意事项

1. 当前新能源汽车维修中常见的问题

通过对当前新能源汽车维修中常见问题的分析与讨论，可在一定程度上有效地帮助我们及时采取针对性的解决措施，确保加大对新能源汽车的维修力度，及时排查出导致其出现故障的原因，因此也就能有效地降低故障的发生率，提升整个汽车的运行安全性。下面，就针对当前新能源汽车维修中常见的问题展开具体的分析与讨论。

1）高压安全防护方面的问题

新能源汽车较传统汽车而言，除了使用电能作为主要运行动力外，在高压电路以及相关零部件方面，也存在着较大的差异。其中，对于新能源汽车而言，其一般都存在高压电路，像电动机、高压电池等都属于高压系统。因此，无论是纯电动汽车还是混合动力汽车，其高压系统部件的电压和电流都较高。其中，当汽车在运行过程中，有些零部件处的电流甚至可以高达几百安培，这就远远超出了人体所承受的正常安全电流。因此，在对新能源汽车进行设计时，就应确保新能源汽车中任意人们可接触点之间的电压都不能高于36 V，否则就会给人们的触摸带来一定的触电风险。此外，对于新能源汽车中的高压元件，还应做好绝缘措施，避免电压过高，而导致人们触电。高压问题是新能源汽车存在的一个典型问题，也是与传统汽车较为不同的问题。因此，在具体维修时，就应着重做好高压安全防护方面的工作，以此来有效的降低驾驶人员触电的风险性。

2）动力电池泄露和自燃问题

高压电池虽然较石油资源更加环保，但是其在使用的过程中也存在一定的风险性。其中，就针对当前新能源汽车而言，大多数都是使用的锂离子电池，而锂离子电池在正常的使用范围内一般不会出现较大的设备故障和安全问题，但是倘若在使用过程中不注重对锂离子电池的保护，就会增大锂离子电池内部发生化学反应的可能性，进而也就会引发安全问题。而电池内部化学反应的持续产生，就会导致电池内部聚集更多的热量，当热量达到电池可承受的峰值之后，就会导致电池出现自燃，进而也就会引发汽车出现自燃或者爆炸。因此，维修人员就应着重对新能源汽车电池进行保护，避免出现滥用电池的状况。此外，导致动力电池出现泄露的主要原因可能是充电时间过长，导致电池出现泄露。而电池倘若受到碰撞或者持续在温度较高的环境下，也会出现电池泄露的情形。

3）新能源汽车维修人员的综合水平还较低

虽然我国给予了新能源汽车企业较多的优惠条件，但是较传统汽车而言，新能源汽车的起步还较晚，发展较为缓慢。因此，相对传统汽车维修，新能源汽车维修人员的整体数量较少，虽然有些汽车维修技术人员也能对新能源汽车展开维修，但是当遇到一个新型故障时，维修人员就会变得束手无策。此外，当前绝大多数的新能源汽车维修人员都没有经过系统且专业的训练，很多售后服务人员都是从传统汽车维修售后服务转型而来的，对于新能源汽车的维修问题没有形成一个固定的体系，不利于开展新能源汽车的维修工作。因此，维修人员专业技能的缺乏以及维修经验的欠缺，是当前新能源汽车在发展时所存在的主要问题。

2. 新能源汽车在维修时应注意的事项

（1）建立较为完善的新能源汽车维修标准，为新能源汽车维修工作的开展提供重要的理论依据和制度保障。但是，当前新能源汽车的发展速度还较快，相应的技术也在不断的迭代更新，但在汽车维修方面没有形成一个较为完备的体系，这样就导致汽车维修工作的展开无确定的参考依据。因此，国家相关部门就应结合各新能源汽车企业，并根据当前新能源汽车所具备的技术，不断地完善和修订新能源汽车的维修标准，并做好及时更新。在对新能源汽车进行维修时，维修场地也不应该是任何场合，场地的选取应符合行业的相关标准，必须给维修人员设立单独的维修工位，且工位上也应提供必须的安全防护措施，确保实现对维修人员人身安全的合理防护。在维修人员进行维修时，应设置相应的隔离带，达到警醒的作用，避免外来因素给汽车的维修带来风险。此外，由于新能源汽车涉及到高压电，故在维修过程中，维修人员应严格的按照相关维修流程开展维修工作，在具体维修之前，还应穿戴符合安全标准的防护设备，并对整个电车进行下电操作，只有确保整辆汽车都处于绝缘状态之后，才能真正的开始维修工作。在对新能源汽车进行维修时，还应安排一名资深人员作为工作监护人，对整个维修过程进行监控，一旦发现维修人员在维修过程中存有异常情况，应立即对其进行施救，避免引起更为严重的安全事故。当新能源汽车在路上抛锚时，维修人员应在汽车抛锚处设置相应的警示牌，并打开应急灯，倘若无法进行现场维修，还可用拖车拖到相应的维修场地，避免长时间待在车内，增大维修人员的危险性。

（2）加大对新能源汽车维修人员的培训，提升其的资质水平和综合能力。具备较多传统汽车维修经验的维修人员，在新能源汽车方面也不见得有较高的维修水平。这主要是由于新能源汽车与传统汽车之间还存有较大的差异。因此，相关单位就应做好对新能源汽车维修人员的培训工作，确保维修人员能够熟悉和掌握整个新能源汽车的构造。此外，相关部门还应加大对维修人员专业考核，只有考核通过且获得一定的资格证书之后，才能正式上岗，否则就会增大新能源汽车维修的危险性。

综上所述，不断研究与分析新能源汽车维修注意事项，有效提升新能源汽车的维修质量，降低新能源汽车故障的发生率以及有效提升整个汽车的运行性能，促进新能源汽车行业的快速稳定发展都具有至关重要的作用。因此，我们应首先认识与了解新能源汽车维修的基础知识和当前新能源汽车维修中常见的问题，进而建立较为完善的新能源汽车维修标准以及加大对新能源汽车维修人员的培训，提升汽车维修人员的资质水平和综合能力两个方面来做好对新能源汽车的维修工作，确保在维修过程中注重各项流程，积极的转变维修观念，不断的提升新能源汽车的维修技术，更好地提升新能源汽车的维修水平，进而也就能达到节约能源资源，保护环境的目的。

课后习题

问答题

1. 简述新能源汽车的起动与驾驶流程。
2. 简述主流无线充电的形式有哪两种，分别有什么优缺点。
3. 简述新能源汽车的日常检查项目。